Noëmie Lacarelle

111 Lieux en Bourgogne à ne pas manquer

111

emons:

MIXTE
Papier issu de sources responsables
FSC® C043106

Crédits couverture : shutterstock.com/Oksana Zavadskaya
Crédits photographiques : © Noëmie Lacarelle sauf
chap. 5 © Alain Bresson
Mise en page : Eva Kraskes, d'après un concept
de Lübbeke | Naumann | Thoben
Cartographie : Velovia, www.velovia.bike,
Christiane Weidle & Kristof Halasz
d'après OpenStreetMap et 123map
Impression et façonnage : Grafisches Centrum Cuno, Calbe

Achevé d'imprimer en 2023
Dépôt légal : juin 2023
ISBN : 978-3-7408-1708-4

Avant-propos

Ce n'est pas un secret, la Bourgogne possède un charme incontestable, un patrimoine riche et une nature superbement ancrée dans ses terroirs. Mais il est vrai que l'on résume souvent la Bourgogne à ses quelques symboles populaires qui ont fait sa renommée : le vin, les escargots, la moutarde… Pourtant, la région est bien plus que cela ! Elle est multiple, étonnante, envoûtante, ravissante. Oubliez la Bourgogne telle que vous pensez la connaître et redécouvrez-la au gré des visites et des rencontres avec les passionnés qui la façonnent jour après jour.

Grâce à ce guide, perdez-vous sur les sentiers d'une région exubérante et indomptée, aux espaces naturels et protégés qui vous dépayseront en un rien de temps. Gardez les yeux grands ouverts et restez à l'affût, les animaux sauvages vous montreront peut-être la voie. Vous n'êtes pas non plus à l'abri de tomber sur une source magique ou sur des rochers aux formes bizarres – la Bourgogne est une terre de légendes qui continuent de hanter ces contrées. Elles sont transmises depuis des siècles de génération en génération, et n'attendent que vous pour continuer à se propager.

Les Bourguignons, qu'ils soient illustres ou inconnus, se sont toujours démenés pour élever cette terre au plus haut. Aujourd'hui encore, nombreux sont les passionnés qui mettent en pratique leurs savoir-faire uniques pour se démarquer : gastronomie, imprimerie, céramique, végétal… Le talent ne manque pas. L'art n'est pas en reste, puisque bon nombre d'artistes y ont trouvé un havre de paix et d'inspiration pour créer. Serait-ce grâce à ses couleurs flamboyantes, ses ancêtres mythiques ou sa diversité ? Qu'importe, puisque la Bourgogne est un formidable terrain de jeu, de découvertes et de balades, qui saura vous convaincre et vous charmer. Elle a tant à offrir, comme le prouvent ces 111 lieux choisis avec passion et amour ! Bienvenue chez nous.

111 Lieux

GARAGE

1 La grotte du Bel Affreux

Gare aux sorciers

Niché au cœur de la Côte-d'Or, le petit village d'Antheuil n'en a pas l'air, mais il cache bien son jeu. On le pense paisible et calme : c'est en fait un ancien repaire de sorciers ! Il se raconte que la combe aux Ânes accueillait dès le Moyen Âge des sabbats, de grandes réunions où les habitants communiaient avec la nature. On murmure également que des fées auraient tenté d'y construire un « château Mignon ». Durant leur labeur, elles n'auraient cessé de chanter : « Que Dieu le veuille ou non, château Mignon nous bâtirons ». Mais la nuit, les sorciers prenaient un malin plaisir à tout démolir.

Intéressons-nous à un autre mythe du village : la grotte du Bel Affreux. Pour la rejoindre, vous devez quitter la commune et vous engouffrer dans la forêt. Suivez le cours d'eau qui s'écoule lentement le long du chemin pour le remonter et arriver à sa source. Au cœur d'un petit cirque rocheux et verdoyant, une source pétrifiante jaillit d'un trou de rocher. L'eau a la particularité d'être chargée en carbonate de calcium et en dioxyde de carbone, qui provoquent la formation d'une roche calcaire particulière, le tuf.

En amont de cette source s'ouvre une caverne béante : la fameuse grotte du Bel Affreux, tel qu'on nommait le Diable entre le XVIe et le XVIIIe siècle. Un endroit aussi secret que dangereux. Il se raconte, en effet, qu'elle était habitée par le Diable lui-même. Peut-être est-ce dû à la ressemblance de l'ouverture avec une bouche grande ouverte dotée de crocs aiguisés. Ou plus simplement avait-on nommé cette grotte ainsi pour en éloigner les curieux : en période de crue, la cavité peut être particulièrement redoutable. Au fond de celle-ci, des scientifiques ont pu identifier une caverne profonde qui s'étend sous la montagne. Un lac la termine : il alimente en continu la source, qui abreuve les fontaines d'Antheuil et de Bouilland (le village juste à côté). Aujourd'hui, le Diable a laissé place à une grande famille de chauves-souris, qui y séjourne paisiblement.

Adresse Rue du Moulin, 21360 Antheuil | **Accès** En sortant de Nuits-Saint-Georges depuis la D 974, prenez la D 8 direction Chaux. Poursuivez sur la D 18 et bifurquez sur la D 115 en direction d'Antheuil | **À savoir** Non loin de là, une autre grotte se visite : la grotte de Roche-Chèvre à Ternant. Principalement habitée par les chauves-souris, elle se dévoile sur plusieurs mètres à la lueur des lampes torches.

2 Le musée des Nourrices

Le Morvan, terre nourricière

Aux portes du Morvan, un musée pas comme les autres rend hommage aux destins d'enfants placés par l'Assistance publique ainsi qu'aux familles accueillantes. Grâce à une scénographie immersive et touchante, où se mêlent témoignages et explications détaillées, on redécouvre une période de l'histoire de France qui mérite une nouvelle mise en lumière.

Depuis fort longtemps, le Morvan est connu pour ses femmes nourricières et généreuses. Si les Romains enviaient déjà les plantureuses Gauloises de Bibracte, les femmes de la région ont acquis une réputation de nourrices hors pair au cours du XIXe siècle. À cette époque, les hospices de Paris, puis l'Assistance publique décidèrent d'envoyer les enfants abandonnés et les orphelins de la capitale dans le nord du Morvan. Des parents acceptèrent d'accueillir ces enfants dans leurs familles déjà nombreuses contre rémunération. Cette source de revenus non négligeable leur permettait de subvenir aux besoins des enfants et de compléter leurs salaires parfois maigres tirés de leur activité agricole. Ces « Petit Paris » étaient intégrés aux fratries avec plus ou moins de bienveillance et restaient jusqu'à leur majorité.

En parallèle s'est développé un autre métier très utile aux familles aristocrates, puis bourgeoises : les nourrices sur lieu. Les riches parents faisaient monter à la capitale de jeunes mères du Morvan pour allaiter leurs enfants. Après un recrutement rigoureux et un examen médical strict, elles étaient accueillies au sein des foyers afin de nourrir et s'occuper des enfants en bas âge. La rémunération était intéressante, mais les jeunes femmes devaient alors quitter leur famille et leur propre enfant. Si leur rôle était primordial et qu'elles étaient souvent très bien traitées, elles restaient des domestiques, dont on surveillait l'alimentation et l'hygiène. Cette pratique a pris fin avec l'avènement des biberons et le changement des mentalités au début du XXe siècle.

Adresse Le Bourg, 58230 Alligny-en-Morvan, www.museedesnourrices.fr | **Accès** Depuis l'A38, sortez à Pouilly-en-Auxois et suivez Saulieu, puis Alligny-en-Morvan | **Horaires d'ouverture** De mars à novembre, du mercredi au dimanche de 10 h à 18 h ; en juillet et août, tous les jours sauf le mardi de 10 h à 18 h. Fermé le samedi matin | **À savoir** Sur place, arrêtez-vous à la crêperie du musée ou à la boutique-librairie dédiée à l'enfance, à la parentalité et au Morvan.

3_ Gilles Joannet

L'orfèvre des fruits rouges

Une passion anime Gilles Joannet : le travail des fruits. En 1984, cet artisan liquoriste s'est installé dans le petit village d'Arcenant, situé à 337 mètres d'altitude entre Dijon et Beaune et reconnu comme la capitale européenne de la framboise en 1972. Au pays des vignes, Gilles Joannet a fait le choix de planter des framboisiers d'une variété ancienne, la Lloyd George, qui s'épanouissent aussi grâce au terroir exceptionnel de la Bourgogne. Le sol calcaire si caractéristique de la région permet aux framboises de gagner en puissance et en notes parfumées. Elles sont donc idéales pour des crèmes et des liqueurs de qualité.

Gilles sélectionne avec soin les fruits qu'il cultive, qu'il récolte ou qu'il cueille dans la nature environnante. Outre la framboise, il travaille la betterave, le pissenlit, le melon, la tomate ou le cynorhodon – après tout, il aime se lancer des défis et créer des produits étonnants. Mais ses références phares restent le cassis, la framboise et la pêche de vigne. Pour fabriquer ses breuvages, il associe des gestes ancestraux, qui ont fait sa réputation, aux techniques nouvelles. Le meilleur des deux mondes en somme ! Un choix qui lui a permis de gagner de nombreuses distinctions, comme la médaille d'or au Concours général agricole de Paris. Il peut d'ailleurs s'enorgueillir d'avoir remporté deux fois le prix d'excellence et 17 médailles d'or au cours de sa carrière.

Gourmande et onctueuse, sa crème de cassis respecte un cahier des charges très précis et arbore fièrement le label IGP (Indication Géographique Protégée). Celui-ci garantit la provenance régionale des cassis (des noirs de Bourgogne) et une liste d'ingrédients réduite à son minimum : des fruits, du sucre et de l'alcool. La crème de cassis est la star de l'aligoté-cassis, cet apéritif bourguignon démocratisé par le chanoine Félix Kir, maire de Dijon de 1945 à 1968. Mais si vous êtes d'humeur plus aventureuse, les 17 autres liqueurs vous inspireront peut-être.

Adresse 7 rue Amyntas-Renevey, 21700 Arcenant, www.gillesjoannet.com | **Accès** Depuis Nuits-Saint-Georges, suivez Meuilley via la D 25. Dirigez-vous ensuite vers Arcenant | **Horaires d'ouverture** Toute l'année, tous les jours de 10 h à 19 h. Pensez à appeler avant votre visite pour prévenir de votre venue | **À savoir** À quelques mètres plus loin dans le village, vous trouverez le début d'une très belle balade dans la forêt qui monte jusqu'à une grotte creusée dans une falaise appelée Trou du Duc.

4 Les grottes d'Arcy-sur-Cure

28 000 ans d'histoire et plus

Prêt pour un voyage dans le temps et dans les entrailles de la Terre ? Les grottes d'Arcy-sur-Cure vont vous charmer par leur diversité et leur complexité. Les étonnantes galeries qui les composent s'enfoncent sur plusieurs centaines de mètres et réservent bien des surprises.

Les premières salles sont le résultat époustouflant du travail acharné de l'eau sur la roche. La Cure, une rivière aujourd'hui paisible, s'est infiltrée il y a fort longtemps par une fissure et a creusé le calcaire pendant des milliers d'années. Les murs sont finement sculptés, comme ornés de drapés, et les concrétions sont souvent l'occasion pour chacun de laisser libre cours à son imagination : Vierge à l'enfant, Jésus sur la croix, dromadaire couché, château féerique... laissez votre esprit vagabonder au gré des stalactites et stalagmites. Sur votre chemin, vous passerez par la salle des mille colonnes, par la cathédrale, reconnaissable à son immense plafond et à sa croix rocheuse, ou encore par le sanctuaire. À ce stade, la grotte n'a pas encore révélé tous ses secrets ! Au fond, la salle des vagues vous plonge dans une obscurité la plus totale comme pouvaient la connaître nos ancêtres. À la simple lueur d'une lampe torche, des peintures rupestres, datées de 28 000 ans, se révèlent alors. Ici un mammouth, là un oiseau, juste à côté un mégalocéros (un énorme cerf)... Plus d'une centaine de dessins à la peinture rouge disséminés dans les différentes salles et qui utilisent parfois le relief de la grotte ont ainsi été retrouvés par les scientifiques. Des animaux préhistoriques pour la plupart, mais également des traces humaines, comme des mains négatives.

Les grottes d'Arcy-sur-Cure ont cette chance inouïe d'être formidablement conservées : les peintures accessibles au public sont véritables, et non des reproductions. À ce jour, ce sont les deuxièmes peintures pariétales les plus anciennes au monde. Des visites archéologiques beaucoup plus poussées sont possibles.

Adresse D 606, 89270 Arcy-sur-Cure, www.grottes-arcy.net | Accès Depuis l'A 6, sortez à Avallon, puis prenez la direction de Vezelay et de Vermenton | Horaires d'ouverture D'avril à novembre, tous les jours de 10 h à 18 h | À savoir À la suite de votre visite, longez la Cure juste en bas des grottes : d'autres cavités sont visibles comme la grotte des Fées, un site classé Natura 2000, sanctuaire de chauves-souris, ou une carrière de sarcophages datant du Moyen Âge.

5 La forêt des Géants verts

Nature morte-vivante

Oubliez les galeries d'art moderne, blanches et impersonnelles, où les œuvres se succèdent. À la forêt des Géants verts, le musée est niché dans un écrin de verdure à ciel ouvert. Après un parcours pittoresque pour parvenir au site, on s'enfonce dans une forêt plutôt dense, agrémentée de petits panneaux explicatifs et de recommandations de l'artiste Alain Bresson, son créateur. On se met alors à la recherche d'indices qu'il aurait pu semer.

Pourtant, les œuvres d'Alain Bresson ne peuvent pas se cacher : elles sont monumentales et tout bonnement impressionnantes. Le sculpteur a investi cette parcelle du bois il y a près de 20 ans pour y commencer ce que l'on appelle du « land art » : une forme d'art contemporain utilisant les matériaux de la nature. La forêt est ainsi devenue le réceptacle de son travail, évoluant au gré du temps et des saisons. Alain Bresson recycle tout ce qu'il trouve sur place : branches, troncs, feuilles, mousse… et crée, imagine et façonne ses « géants verts », comme il aime les appeler. Il s'agit de grandes sculptures poétiques qui demandent à être longuement contemplées pour en saisir toute l'essence.

Derrière cet art éphémère, on décèle très vite l'engagement politique de l'artiste. Son ton est rieur, voire parfois caustique, alors qu'il joue avec son environnement, mais aussi avec les mots et les symboles pour nous transporter dans son univers. Preuve en est, ses géants ne portent pas de prénom, mais sont nommés par des périphrases : « Cornemousse facétieux imitant le homard en attendant le tram » ou encore « Dromigognone s'étirant le bec » en sont de bons exemples ! Alain Bresson et Marie-Laure Hergibo, artiste plasticienne qui a aussi apporté sa touche personnelle, s'engagent en faveur de l'environnement et contre la bêtise humaine. Cette forêt atypique où poussent les œuvres ne laisse pas indifférente. Une fois la visite terminée, vous aurez forcément envie d'en parler autour de vous. Mais chut ! Ce lieu hors du temps doit rester secret…

Adresse 89160 Argentenay, www.laforetdesgeantsverts-alainbresson.com | **Accès** Depuis l'A 6, sortez à Montbard, puis suivez Tonnerre via la D 905. Suivez ensuite Ancy-le-Libre par la route de Pacy, puis Argentenay | **Horaires d'ouverture** Accessible toute l'année | **À savoir** Sur le chemin, faites une halte pour admirer et visiter le château d'Ancy-le-Franc, un château de la Renaissance aux jardins parfaitement décorés.

6 La pyramide de Couhard

Une énigmatique construction

Autun est une ville passionnante à bien des égards. Son histoire a débuté à l'ère romaine ; elle était alors Augustodunum, petite sœur de Rome et capitale gallo-romaine des Éduens – peuple gallo-celtique – en remplacement de Bibracte. De cette époque prospère, Autun a conservé quelques traces qui se fondent aujourd'hui dans le décor moderne, comme les imposantes portes d'Arroux ou de Saint-André, qui datent du Ier siècle et qui marquaient l'entrée de la cité augustéenne. On remarquera aussi le temple de Janus, dont il ne reste que deux pans de mur, ou l'impressionnant théâtre romain : avec ses 148 mètres de diamètre pouvant accueillir 14 000 personnes, il était le deuxième plus grand de Gaule.

Mais le stigmate le plus étonnant de cette période reste encore la pyramide de Couhard. Ce mystérieux monument se dresse sur les hauteurs entourant la ville. À l'époque, la plaine qui séparait les remparts et la pyramide était une immense nécropole, que l'on appelle aujourd'hui le champ des Urnes. L'édifice possédait une base cubique de 10,5 mètres de côté surmontée d'une pyramide dont le sommet culminait à 22,65 mètres. Jadis, selon un plan de la ville datant de l'époque de François Ier, elle aurait été recouverte d'un parement de marbre blanc (ou plus probablement de calcaire).

Sa présence a intrigué bon nombre de chercheurs à travers les siècles. L'orifice que l'on voit au centre de la pyramide a été creusé en 1640 par l'abbé de Castille. Il espérait y trouver une salle, mais en vain, l'édifice étant plein. Non loin de là, la découverte d'un médaillon en or portant l'inscription *Gloria Aedorum Druidumque* laissait supposer que le monument était consacré au druide éduen Diviciacos. Pourtant, en 1960, une tablette « magique » datant du IIe siècle fit pencher la balance. En effet, elle portait des incantations maléfiques en latin et en grec, signe qu'il s'agissait d'un cénotaphe, un monument dressé à la mémoire d'un défunt sans que le corps soit placé à l'intérieur.

Adresse Pierre de Couhard, 71400 Autun | **Accès** Depuis l'A 31, sortez à Beaune-Sud et prenez la direction d'Autun. Sur place, suivez le théâtre romain, puis continuez jusqu'à la pyramide de Couhard | **À savoir** En partant de la pyramide à travers bois, vous tomberez sur la cascade de Brisecou, puis sur la croix de la Libération d'où la vue sur Autun et les monts du Morvan est époustouflante.

7 Les jardins-terrasses

Un écrin de verdure

Si pour beaucoup, Avallon est l'une des portes d'entrée vers le merveilleux parc naturel régional du Morvan, c'est aussi, et surtout, une ville d'histoire qui vaut le coup que l'on s'y attarde. Habitée depuis l'époque romaine, la commune icaunaise tire son nom du mot gaulois *aballo* (« pomme ») qui devient au Xe siècle *Avallonem Castrum* : perchée sur un éperon granitique, elle surplombe la vallée du Cousin et a joué un rôle militaire important pendant plusieurs siècles. C'est notamment la raison pour laquelle elle est entourée de remparts, encore visibles aujourd'hui. Le circuit de la Grenouille vous emmènera à la découverte des nombreuses maisons médiévales et des hôtels des XVIe, XVIIe et XVIIIe siècles.

Mais la vraie particularité d'Avallon se trouve au pied de ses remparts : les flancs abrupts de la ville sont occupés par des jardins en terrasses dont la création et l'utilisation remontent au Moyen Âge. Ils furent ainsi cultivés par les moines rattachés à l'abbaye d'Autun dès le VIIe siècle ; s'y sont succédé vignes, herbes médicinales, fleurs, fruits et légumes. Pour relier la ville haute et la rivière en contrebas, des passages ont été créés au beau milieu de ces jardins maraîchers. Appelés « lacets » ou « traverses », ils étaient empruntés notamment par les lavandières qui descendaient laver le linge. Des pierres hautes disposées sur le chemin permettaient aux femmes de faire une pause sans avoir à se baisser pour récupérer leur panier.

Ces jardins-terrasses font dorénavant partie du patrimoine naturel exceptionnel de la ville et de la région. Entretenus par l'association Traverses, ils se parent dès les beaux jours de fleurs délicates et des premiers légumes. Les murets qui les entourent cachent des bassins, des sources, et d'innombrables petits chemins, ruelles ou escaliers permettent de communiquer avec la vieille ville.

En été, leurs portes s'ouvrent aux curieux et révèlent enfin leurs secrets.

Adresse Ruelle Malos, 89200 Avallon | **Accès** Depuis l'A 6, sortez à Avallon. Suivez le centre-ville, puis Lormes | **Horaires d'ouverture** Les jardins-terrasses sont accessibles toute l'année. Les bénévoles de l'association Traverses les font visiter en été et pour les Journées européennes du patrimoine | **À savoir** Profitez de votre passage pour visiter le musée du Costume, où sont exposées près de 3 000 pièces du XVIIIe siècle à nos jours (6 rue Belgrand, 89200 Avallon).

8 Les grottes d'Azé

Voyage au centre de la Terre

Très peu de personnes ont connaissance de ce lieu. Et pour cause, les grottes d'Azé se cachent au fond des bois, protégées par de majestueux cèdres de l'Atlas plantés au XIXe siècle, qui mesurent pour certains 30 mètres de hauteur. Les grottes, puisqu'elles sont au nombre de deux, sont pourtant explorées depuis des centaines d'années, et même plus. Jadis, les promeneurs venaient y trouver un coin de fraîcheur ou un abri en cas de pluie. L'une d'elles apparaît même sur un cadastre napoléonien en 1808.

En vérité, les premiers à avoir découvert cette grotte ne sont pas les hommes, mais les ours ! La première grotte, préhistorique, a révélé bien des surprises aux archéologues : depuis 300 000 ans, elle est occupée en alternance par des cerfs élaphes, des rennes et des ours. On y a même découvert un squelette de lion des cavernes (l'un des dix connus en France). Après plusieurs minutes de marche, vous pénétrez dans la fameuse salle des ours, jonchée de centaines d'ossements, qui laisse abasourdi. La raison de leur présence ? Les ourses venaient y mettre bas en période hivernale. Les hommes ont eux aussi habité la grotte : silex, pierres taillées et jarres témoignent d'une occupation préhistorique et gallo-romaine dans une autre cavité. Mais le spectacle ne s'arrête pas là, puisqu'une seconde grotte, attenante, mais non communicante, renferme, elle, une rivière souterraine. Sur plus de 400 mètres, on suit le paisible cours d'eau et les étonnantes sculptures façonnées au cours des siècles.

La visite des grottes d'Azé est une parfaite occasion pour réviser de façon ludique ses cours d'histoire. Le lieu est particulièrement adapté aux plus jeunes pour qui des visites spécifiques, avec ateliers, sont organisées. Mais les adultes se plairont aussi à découvrir cet endroit paisible, accessible, une parenthèse hors du temps et de toute préoccupation. N'oubliez pas votre gilet : il y fait 12 degrés toute l'année !

Adresse 135 route de Donzy, 71260 Azé | **Accès** Depuis l'A 6, sortez à Tournus et continuez sur la D 906. Au rond-point, suivez « Grottes d'Azé » sur la D 15 | **Horaires d'ouverture** De mai à juillet, visites du lundi au vendredi à 10 h 30 et 14 h 30 et le week-end à 10 h 30, 14 h 30 et 16 h 30 | **À savoir** Un petit sentier au départ des grottes vous conduit à travers bois jusqu'à un belvédère à la vue époustouflante.

9 La Ferme de la Ruchotte

Le local poussé à son extrême

À la Ferme de la Ruchotte, on est d'abord accueilli par les porcs et les volailles qui batifolent dans les champs à perte de vue. Épuisé par des années dans la haute gastronomie, Frédéric Ménager a fait le choix en 2002 de s'installer en pleine campagne, sur les hauteurs de Beaune, avec sa femme Éva. Ils ont d'abord pris le temps de rénover l'ancienne ferme en ruine avant de développer une agriculture peu conventionnelle pour l'époque : biologique et respectueuse de l'environnement. Pour cela, ils ont rassemblé des espèces rares et oubliées comme les dindes rouges des Ardennes ou les cochons noirs de Bigorre et les ont élevées à leur manière sur les quelque 5 hectares autour de la ferme. Le projet à terme ? Ouvrir une table d'hôte auto-suffisante.

Vingt ans après avoir fait ce pari fou auquel personne ne croyait, Frédéric et Éva peuvent s'enorgueillir de tenir une ferme-auberge de renom, aux produits de qualité et aux animaux parfaitement respectés. Le chef, au look inhabituel, mais à la philosophie bien ancrée, est un amoureux de la bonne chère : dans une ambiance rustique et rock, les convives sont rassemblés autour d'une grande tablée pour partager les plats concoctés par Frédéric et son équipe. Présentés dans une faïencerie de Gien impeccable, les légumes du jardin retrouvent leurs lettres de noblesse. Même la carte des boissons est le résultat d'un formidable travail de recherche : elle référence plus de 350 vins naturels, bios ou biodynamiques, de la région et au-delà. Les grandes bouteilles côtoient des vins plus confidentiels, que certains n'hésitent heureusement pas à essayer.

Parmi les 30 couverts qu'il sert chaque jour dans sa ferme, Frédéric voit passer beaucoup d'étrangers – des Anglais, des Américains, des Allemands… Sa renommée internationale n'est plus à faire. Les locaux, eux, sont plus timides et n'osent pas venir découvrir ce mode de vie hors norme. Ils ne savent pas ce qu'ils manquent !

Adresse La Ruchotte, 21360 Bligny-sur-Ouche, www.lafermedelaruchotte.com | **Accès** Depuis l'A 31, prenez la direction de Beaune. Sortez en direction de Savigny-lès-Beaune et continuez vers Bouilland. Bifurquez vers Clavoillon et suivez Bligny-sur-Ouche. La ferme est indiquée par un petit panneau | **Horaires d'ouverture** Le midi du mercredi au dimanche | **À savoir** Rendez-vous ensuite à Bligny-sur-Ouche, où les activités ne manquent pas. Le musée Papotte, un musée sur la vie rurale, le train à vapeur de la vallée de l'Ouche ou encore la boutique Purokao, spécialisée dans le chocolat et le café mexicain, vous attendent.

10 Le château de Brochon

Un château devenu lycée

Les trésors des vignes chambertines ne sont pas toujours ceux que l'on croit. Niché au cœur de la Côte de Nuits, entouré par des appellations prestigieuses, le château de Brochon se fond dans le paysage. Confortablement installé derrière ses murailles, il a su se faire oublier au fil du temps. L'édifice est pourtant bien ancré dans la modernité, puisqu'il fait aujourd'hui partie du lycée du village et accueille certains élèves au cours de l'année scolaire.

Cette immense bâtisse n'a pas toujours eu cette destinée pédagogique. On doit ce château à Stephen Liégeard, homme politique et de lettres. Ce nom ne vous dit peut-être rien, mais c'est notamment à lui que l'on doit le doux surnom de « Côte d'Azur » pour désigner le sud de la France ! S'il n'a pas marqué la littérature française ni n'a intégré l'Académie française comme il l'espérait, il a tout de même laissé une trace dans sa région natale. « Ce qu'il manque à la Bourgogne, ce sont les châteaux de la Loire », se plaisait-il à dire. Ainsi, en 1895, peu après la grave crise du phylloxéra qui toucha la Bourgogne, il entreprit la construction d'un superbe château sur le domaine familial situé à Brochon. De style néo-renaissance, la demeure s'inspire des plus beaux édifices de l'histoire de France – Chambord, Chenonceau, Blois… La décoration intérieure, quant à elle, est typique du XVIIIe siècle. Finement décorées, les pièces sont ornementées de sculptures et peintures du sol au plafond. Vous remarquerez sans doute les initiales « SL » apposées sur la verrière de l'entrée ou les lions sculptés. Il s'agit de références non dissimulées à Stephen Liégeard lui-même. Si le parc dispose aujourd'hui d'une simple pelouse parfaitement entretenue, il abritait à l'époque une roseraie de 800 variétés, un bassin, des statues et une grotte aménagée.

En 1953, faute d'héritiers, le château devint la propriété de l'État, qui décida d'y installer en partie le lycée Stephen-Liégeard.

Adresse 4 rue Stephen-Liégeard, 21220 Brochon, chateaudebrochon.wixsite.com | **Accès** Depuis Dijon, dirigez-vous vers Marsannay-la-Côte, puis Gevrey-Chambertin. Prenez la direction de Brochon-Centre et suivez « Lycée Stephen-Liégeard » | **Horaires d'ouverture** Visites du 15 juillet au 21 août, le vendredi, le samedi et le dimanche à 14 h 30 et à 16 h 30, et pendant les Journées européennes du patrimoine | **À savoir** Dans un tout autre style, le bâtiment immanquable de la région est le château médiéval de Châteauneuf.

11 La Grande Forge de Buffon

Dans les entrailles de la forge

Faune, flore, minéraux... Le comte de Buffon a passé sa vie à étudier la nature. Devenu naturaliste et intendant du jardin du Roi à Paris, il s'est offert le luxe de construire sa propre forge à l'aube de ses 60 ans pour mettre en pratique ses recherches sur le minerai de fer. Il s'est donc installé en 1768 tout près de Montbard, dans un endroit stratégique, proche des matières premières dont il avait besoin : le bois, les mines de fer, le calcaire et une force hydraulique. La route royale qui reliait Lyon à Paris passait juste à côté, tout comme le futur canal de Bourgogne.

Mais il ne s'agit pas là d'une simple forge, car Buffon était un visionnaire. Il fit construire l'un des premiers complexes intégrés, un lieu qui regroupait les différentes unités de production et de transformation, des habitations, des étables, un potager et une église. Les ouvriers et leur famille, soit près d'une centaine de personnes, vivaient ainsi en pleine autarcie sur le site, une organisation idéale pour optimiser les temps de fabrication. Plus qu'une simple usine, Buffon voulait que l'endroit soit majestueux et impressionnant. Il lui arrivait d'inviter des amis et des convives de prestige pour leur présenter le spectacle fascinant de la coulée de la fonte en fusion. Par conséquent, il a imaginé toute une mise en scène : les invités passaient l'entrée monumentale décorée d'une grille en fer forgé, arrivaient sur une immense place avec tous les bâtiments de stockage, puis se rendaient dans un bâtiment aux allures de chapelle. À l'intérieur, un imposant escalier équipé de garde-corps en fer surplombait la forge et permettait d'admirer les ouvriers à l'œuvre.

Le site a fonctionné près de 100 ans avant de subir une spectaculaire inondation qui détruisit toutes les machines. Quelques années plus tard, il fut transformé en cimenterie, détruite à son tour par un incendie. Un parcours permet aujourd'hui de découvrir l'ensemble des lieux et de mieux comprendre comment était transformé le minerai de fer.

Adresse Grande forge, 21500 Buffon, www.grandeforgedebuffon.fr | Accès Depuis l'A 6, prenez la sortie Montbard. Suivez ensuite les Forges de Buffon sur 6 kilomètres à peine | Horaires d'ouverture D'avril à octobre, horaires variables selon la saison (à voir sur le site) | À savoir Les parties privatives (la cour d'honneur, les logements des ouvriers et le jardin) se visitent lors des Rendez-vous aux jardins (en juin) et des Journées européennes du patrimoine (en septembre). Ne manquez pas ces deux rendez-vous.

12 Les marais du Cônois

Un microcosme particulier

La vaste forêt du Châtillonnais abrite quelques surprises. En effet, on y trouve un endroit absolument unique pour une plaine française : le marais du Cônois, un écrin naturel où la faune et la flore sont un véritable joyau préservé.

Sur une petite surface d'à peine 7 hectares s'est développé un microclimat froid, typique des fonds de vallée, qui a permis à des plantes de montagne de s'installer. Un écosystème original qu'il est possible de contempler grâce à un sentier de caillebotis, de passerelles et d'escaliers aménagés, imaginé pour traverser le marais sans l'endommager. Avec un peu de chance, à la fin du printemps, vous pourrez admirer des plantes rares et protégées comme la swertie vivace, que l'on trouve d'habitude dans les massifs des Alpes, du Jura ou des Pyrénées, ou la gentiane pneumonanthe, utilisée autrefois pour soigner les maladies des poumons. La faune est elle aussi particulièrement riche : on aperçoit de nombreux batraciens, dont l'alyte accoucheur ou le sonneur à ventre jaune, et des insectes, comme le damier de la succise, un papillon menacé d'extinction. Autre singularité, le marais du Cônois est un marais tufeux de pente. L'eau présente dans le fond se gorge du calcaire contenu dans les roches et le redépose sur le sol. Se forme alors du tuf, une roche très légère et friable, utilisée autrefois pour ses propriétés isolantes lors de la construction de cheminées ou de clochers.

Après votre balade au cœur du marais, ne manquez pas de visiter Bure-les-Templiers, qui abrite l'une des plus anciennes maisons templières de France (connue dès 1133), malheureusement en ruine. Il est malgré tout intéressant de la visiter – en compagnie du propriétaire si c'est possible – et d'admirer ses vestiges comme les nombreux sarcophages antérieurs à la période des templiers. Aujourd'hui, la commanderie est peu à peu remise en état par des passionnés et a retrouvé partiellement sa splendeur.

Adresse 21290 Bure-les-Templiers | Accès Depuis Dijon, suivez Is-sur-Tille, puis Grancey-le-Château. Dirigez-vous vers Recey-sur-Ource. À Bure-les-Templiers, prenez la D 102 en direction de Chaugey. Suivez « Marais du Cônois » | À savoir À quelques kilomètres de là, à Leuglay, se trouve la maison de la Forêt, un lieu dédié à la nature. De nombreuses animations et randonnées sont organisées tout au long de l'année (rue de Valverset, 21290 Leuglay).

13 Les Z'uns Possible

Soyez curieux

Café culturel, lieu d'exposition, cabinet de curiosités, salon de lecture ou terrasse au bord de la Seine ? Comment définir ce lieu si unique et insolite ? Impossible de le résumer en quelques mots. Pour saisir son essence, il faut y faire un tour et s'imprégner de l'ambiance particulière qui y règne.

Le café culturel Les Z'uns Possible se situe en bord de rive et révèle son caractère atypique dès les premiers mètres : quelques panneaux et œuvres y ont été déposés par le propriétaire des lieux, l'artiste-peintre, mais aussi dessinateur, sculpteur et plasticien Fabien Ansault. L'intérieur est bien plus qu'un simple café : Fabien y expose ses créations tout droit sorties de son imagination fantasque dans un joyeux capharnaüm. À l'instar des cabinets de curiosité des XVIIe et XVIIIe siècles où étaient exposées des babioles singulières et éclectiques, on y retrouve des animaux empaillés, des fossiles, des dents, des coquillages, des antiquités ou des insectes naturalisés. L'artiste récupère, conserve et assemble tout ce qui l'inspire dans la nature et dans son environnement pour le mettre en scène. Cet étrange univers abrite ainsi des totems, des dessins ou des peintures qu'il a créés et qui offrent une seconde vie inattendue à toutes sortes d'objets. La déambulation se poursuit dans son atelier où l'on peut admirer l'une de ses œuvres majeures, *La Boucherie humaine*. Décrié et mal compris lors de sa création, cet étalage peu ragoûtant dénonce la barbarie de la guerre. À vous de vous attarder et de scruter les moindres détails pour en déceler toutes les subtilités.

Les Z'uns Possible est un café associatif où il fait bon s'arrêter pour picorer des mets locaux faits maison, feuilleter quelques pages d'un livre choisi dans la bibliothèque partagée ou discuter avec Fabien et les autres visiteurs. Ici, vous n'êtes pas pressé par le temps ! L'été, il n'est pas rare de croiser d'autres artistes pour des conférences ou des dédicaces.

Adresse 2 impasse Rive de Seine, 21400 Chamesson, leszunspossible.com | Accès Depuis Châtillon-sur-Seine, prenez la direction de Dijon par la D 971. À l'entrée de Chamesson, engagez-vous sur la première rue à droite, la rue de la Pointerie | Horaires d'ouverture De mi-mai à mi-octobre, le samedi et le dimanche de 12 h à 19 h ; tous les jours en juillet et août ; sur rendez-vous le reste de l'année | À savoir Une des œuvres exposées vous plaît ? Bonne nouvelle, elles sont à vendre !

14 Le prieuré de Vausse

Dans l'intimité du prieuré

L'histoire de ce lieu commence au XIIe siècle, alors qu'Anséric VI de Montréal, le seigneur de la région, prête serment à un ermite : si son enfant malade guérit, il fait ériger un prieuré. Une promesse devenue réalité avec la construction du prieuré de Vausse au XIIIe siècle et son placement sous l'égide de saint Denis et Notre-Dame. Depuis, le petit prieuré a connu bien des bouleversements : d'abord occupé par une vingtaine de moines cisterciens, le lieu périclita lentement avant d'être abandonné, puis vendu pendant la Révolution pour être transformé en faïencerie. Assiettes, encriers, soupières, bénitiers, pots de pharmacie… la production se voulait utilitaire, jusqu'à son arrêt en 1858.

En 1835, un certain Ernest Petit, fils des propriétaires, y naquit. Devenu ingénieur des Mines, le jeune homme revenait passer ses vacances à Vausse et se découvrit une vocation pour l'histoire bourguignonne grâce aux parchemins laissés sur place. Il laissa à la postérité l'œuvre l'*Histoire des ducs de Bourgogne* en huit volumes. On peut d'ailleurs admirer son cabinet de travail juste au-dessus de l'église. Aujourd'hui demeure privée, le prieuré est une petite merveille préservée grâce à ses propriétaires, qui n'hésitent pas à l'ouvrir au public en été.

Le cloître roman retient évidemment toute l'attention : ses petits couloirs invitent à la déambulation sur le chemin des moines d'antan qui vouaient leur quotidien à la prière et au travail. L'endroit est si paisible que le temps semble s'être arrêté. L'atmosphère pousse à la méditation et au repos. Au centre, un charmant jardin vit tendrement au gré des saisons. Le soleil vient s'y poser tout au long de la journée, jouant ainsi avec les ombres et la lumière. Un peu en dehors des murs, un jardin des simples, où poussent des plantes médicinales, est entretenu par les héritiers. La quiétude de cet écrin de verdure est parfois mise à mal pour des animations pendant la période estivale : concerts, expositions, spectacles…

Adresse 112 Vausse, 89310 Châtel-Gérard | **Accès** Depuis l'A 6, sortez à Montbard. À Semur-en-Auxois, prenez la direction d'Époisses, puis Vassy. Dirigez-vous vers Châtel-Gérard, puis suivez « Prieuré de Vausse » | **Horaires d'ouverture** Visites libres ou guidées du 1er juillet jusqu'au 31 août de 14 h à 18 h 30 | **À savoir** À quelques kilomètres se trouvent le magnifique petit village médiéval de Noyers-sur-Serein et son musée des Arts naïfs et populaires.

15 La source de la Douix

À la source de la Seine

Si les plongeurs professionnels la connaissent bien, la source de la Douix, à Châtillon-sur-Seine, reste encore mystérieuse. Légèrement en retrait de la ville, les eaux de cette rivière jaillissent paisiblement au pied d'une falaise abrupte de 30 mètres. La source alimente le cours supérieur de la Seine et s'avère être une résurgence de type vauclusien : l'eau de pluie s'infiltre dans le plateau calcaire et remonte jusqu'au lieu d'extraction par un labyrinthe sous-marin.

Plusieurs tentatives d'exploration ont mis en lumière quelques centaines de kilomètres souterrains, mais la Douix se laisse difficilement dompter ! Ni les plongeurs ni un pompage de l'eau ne permirent de dévoiler l'entièreté du réseau. Ces recherches ont tout de même révélé une autre facette du site : il y a fort longtemps, il était reconnu comme un lieu de culte celtique. Dès le premier âge du fer, les Gallo-Romains venaient y vénérer la divinité gauloise Divona. Le nom Douix vient d'ailleurs du mot celtique *ardoux,* qui signifie « la fontaine » ou « la source ».

Pièces de monnaie, statuettes, poteries, sculptures… des témoignages de cette ancienne adoration ont été retrouvés en nombre il y a quelques années. Pour des raisons encore inconnues, les locaux jetaient des fibules (des broches) dans l'eau. Une pratique qui s'est perpétuée jusqu'au début du XIXe siècle où l'on jetait alors des épingles directement dans la Douix. Le jour de la Chandeleur, on venait même jeter du pain.

Vénérée comme sanctuaire guérisseur, la source accueillait ses adeptes quotidiennement ; ils déposaient dans l'eau des ex-voto, des représentations sculptées dans la pierre de la partie du corps malade, espérant ainsi recouvrer la santé. Toutes ces trouvailles sont exposées au musée du Pays châtillonnais, en compagnie du célèbre trésor de Vix. Aujourd'hui, la source est placée sous la protection de la Vierge Marie.

Adresse Rue de la Douix, 21400 Châtillon-sur-Seine | **Accès** Depuis Dijon, prenez la direction de Talant, puis Chatillon-sur-Seine. Suivez l'église Saint-Vorles, puis les sources de la Douix | **À savoir** En 1953 fut découverte la tombe de la Dame de Vix, une princesse qui aurait vécu vers 500 av. J.-C. Parée de précieux bijoux, la Dame était aussi enterrée aux côtés d'un énorme vase que l'on peut admirer au musée du Pays châtillonnais.

16 La maquette du barrage

Le défi de l'eau

La Nièvre ne compte pas moins de sept lacs et points d'eau majeurs, dont le plus vaste est celui de Pannecière. Ce lac artificiel a été construit entre 1937 et 1949 pour réguler le débit de l'Yonne et, par conséquent, celui de la Seine. Ce chantier d'utilité publique fut décidé à la suite des fortes inondations dans la ville de Paris en 1910. Le lac de Pannecière est à la fois le plus ancien et le plus petit des grands lacs de la Seine (quatre lacs-réservoirs pour limiter les crues). Il est également le plus récent et le plus grand lac du Morvan. Très prisé par les pêcheurs, le lac en séduit plus d'un pour son côté sauvage et ses balades dans la forêt environnante. Si vous avez l'occasion de passer aux alentours lors d'une vidange du lac (qui a lieu tous les 10-20 ans), vous remarquerez peut-être des vestiges de maisons, d'églises ou de ponts abandonnés dans son lit. Pour sa création, il a fallu en effet engloutir deux hameaux : Blaisy et Pélus.

À son extrémité nord, le lac artificiel se termine par un barrage haut de 49 mètres et long de 352 mètres. Un ouvrage impressionnant qui en cache un autre beaucoup plus petit, mais tout aussi intéressant : la maquette du barrage. En contrebas, au pied de la centrale électrique, une reproduction de l'édifice à l'échelle 1/35e permet de comprendre simplement son fonctionnement et toute son organisation. Achevée en 1938, elle était d'abord un projet scientifique qui servait à calculer et simuler des débits d'eau. Elle fut ensuite utilisée pour expliquer aux riverains le rôle du barrage. Oubliée, elle fut remise en valeur par la région pour devenir un formidable outil ludique et pédagogique. Petits et grands peuvent ainsi manœuvrer des écluses, remplir des canaux, ouvrir des vannes… et saisir tous les enjeux de la maîtrise de l'eau.

En vous faufilant sur le sentier de la Goutte d'Iau dans la continuité du lac, vous accéderez au belvédère, à l'ancienne prise d'eau de la rigole d'Yonne et à l'observatoire ornithologique du bassin de compensation de Pannecière.

Adresse Ruisseau de Coulard, 58120 Chaumard | **Accès** Depuis l'A 38, sortez à Pouilly-en-Auxois et suivez Saulieu. Dirigez-vous ensuite vers Saint-Brisson, puis Gouloux et Ouroux-en-Morvan. Prenez la direction du barrage de Pannecière | **À savoir** Partez à l'exploration du musée du Septennat à Château-Chinon, qui rassemble les objets offerts par différents pays durant le second septennat de François Mitterrand (6 rue du Château, 58120 Château-Chinon).

17 La briqueterie

Noir, c'est noir

Si la vallée de la céramique au sud de la Bourgogne est réputée pour ses poteries d'exception, ses tuileries et ses décors en faïence, elle l'est un peu moins pour ses briques. Pourtant, la terre argileuse locale se prête parfaitement à la confection de ce matériau de construction très répandu au début du XXe siècle. Le canal du Centre et la démocratisation de la machine à vapeur ont permis de faire émerger des usines de production au rendement industriel.

À Ciry-le-Noble, au bord de l'eau, deux grandes cheminées s'élèvent dans le ciel. Elles marquent la présence d'une briqueterie créée en 1893, produisant des briques, des tuiles et des carreaux, sans oublier sa spécialité, la brique noire. Un produit phare qu'elle doit à son fondateur et responsable de l'usine : Jean-Baptiste Baudot. En 1874, il dépose une demande de brevet pour cette brique spéciale, dite de fer, destinée au pavage, puisque résistante aux acides et aux sabots des chevaux. Elle était utilisée pour recouvrir les sols des étables et des usines à moindre coût. L'usine disposait également d'une autre particularité grâce à un nouveau brevet : un four à deux étages et à flamme renversée. Au début du XXe siècle, la production s'envola et l'usine fut même réquisitionnée pendant la Première Guerre mondiale pour produire des récipients antiacides.

L'usine locale a fonctionné jusqu'en 1967 et a étonnamment bien supporté le temps : les différentes machines – outils, wagonnets, fours – sont pour la plupart en bon état et mises en lumière grâce à des visites guidées. Tout est fait pour faciliter la compréhension du quotidien des ouvriers et de la fabrication des briques et des autres produits, de l'extraction de l'argile à la cuisson. Les bâtiments, eux, ont été remis en partie en état par les Compagnons du devoir qui se sont relayés pendant plusieurs années. Après votre visite, une petite balade le long du canal et dans le joli village de Ciry-le-Noble s'impose !

Adresse Route du Canal, RD 974, 71420 Ciry-le-Noble | Accès Depuis l'A 6, sortez à Chalon-Sud en direction de Montceau. Continuez sur la N 70 et sortez à Ciry-le-Noble. Suivez « Briqueterie » | Horaires d'ouverture Du 1er juillet au 31 août, du mardi au dimanche de 15 h à 19 h | À savoir À quelques kilomètres, à Génelard, se trouve le Centre d'interprétation de la ligne de démarcation, instaurée en France pendant la Seconde Guerre mondiale (Le Bass., 71420 Génelard).

18 L'abbaye de Corbigny

Arts pluriels

Voilà une abbaye pas comme les autres. En son sein, point de communauté religieuse (les moines ont quitté l'abbaye il y a fort longtemps), mais une autre forme d'élévation : l'art. Dès le départ, cette abbaye n'avait rien de commun : d'abord villa puis monastère, s'élevant sur une bute à 195 mètres d'altitude, elle fut reconstruite plusieurs fois pour finalement gagner sa forme actuelle au XVIIIe siècle. Son style est brut, massif, régulier ; il s'inspire de l'école mauriste (une congrégation de moines bénédictins français), avec la particularité d'utiliser des techniques et des matériaux locaux. Le bâtiment, ouvert sur la ville grâce à une grande grille d'entrée, est imposant, mais la lumière qui le parcourt lui redonne de la vie et de la prestance. Renommé « Abéïcité », il héberge aujourd'hui deux compagnies de théâtre en résidence permanente, qui s'épanouissent sur les planches au rythme de la musique, des chorégraphies ou des vers déclamés.

L'abbaye est également un formidable vivier d'expositions, d'événements et de spectacles. Un cadre pour le moins original où la culture a toute sa place : depuis sa réhabilitation, les artistes ont investi les lieux et les ont modulés selon leurs besoins. En 2006, Krijn de Koning a ainsi transformé l'ancienne cuisine de l'abbaye en véritable œuvre contemporaine en la recouvrant d'une belle couleur bleu vif, épousant ainsi l'architecture traditionnelle. Au sous-sol, une immense boule composée de palettes de bois, évoquant la multiplication des contraintes par Vincent Mauger, invite les visiteurs à poser un regard différent sur les espaces et les volumes.

L'art contemporain a pris place de la cave au grenier, dans un joyeux capharnaüm inspirant. Et sur la façade ? La figure de l'art conceptuel Lawrence Weiner y a déployé des mots percutants en une phrase apposée directement sur le mur, pour encourager le dialogue entre l'architecture, le territoire et le spectateur.

Adresse 6 rue de l'Abbaye, 58800 Corbigny, www.abeicite.fr | **Accès** Depuis l'A 6, prenez la sortie Nitry en direction de Vézelay et de Corbigny | **Horaires d'ouverture** En été, du mardi au dimanche de 14 h à 18 h (fermé le lundi, sauf entre le 14 juillet et le 15 août). Le reste de l'année, le samedi et le dimanche de 14 h à 18 h selon les expositions | **À savoir** À Lormes, un restaurant installé dans une ancienne école primaire fait la part belle aux produits de qualité et aux nectars de la région (6 place des Roches, 58140 Lormes).

19 Le viaduc de Port-Aubry

Traverser la Loire sur rails

Situé à la lisière de la Bourgogne, Cosne-Cours-sur-Loire longe les bords de la Loire. À l'autre bout de la rive s'étend déjà une tout autre région : le Berry. La frontière est marquée par les différents ponts qui rejoignent les deux berges. Mais un se distingue : le viaduc de Port-Aubry.

Cet ancien pont ferroviaire relie Cosne-Cours-sur-Loire à la commune de Bannay, dans le département du Cher. L'impressionnant ouvrage date des années 1890. À l'époque, la Compagnie du chemin de fer de Paris à Orléans a entrepris cette construction hors du commun pour relier les deux villes afin de transporter les militaires entre les deux lieux de garnison. Installé sur l'ancienne voie ferrée militaire Bourges-Toul, le viaduc mesure 828 mètres au total, pèse 5 000 tonnes et s'avère être l'un des plus longs ponts en treillis ferroviaires de France. Au cours de la Seconde Guerre mondiale, il fut un point stratégique que les résistants français tentèrent de faire sauter pour ralentir l'avancée des Allemands. Il fut finalement recouvert de planches de bois par les occupants pour permettre aux véhicules de franchir la Loire, le pont routier ayant été bombardé. Surnommé « pont du P.O. » par les locaux, le viaduc fut emprunté une dernière fois par un train de marchandises chargé de céréales en 2000.

Un projet atypique le fit renaître en 2005 : le cyclorail du Sancerrois. Les visiteurs un brin curieux (et sportifs) peuvent ainsi parcourir l'ancienne voie ferrée grâce à un vélorail, un petit wagon équipé d'un pédalier pour avancer à son rythme. La balade commence sur le pont, côté Cosne-Cours-sur-Loire, et se poursuit direction Sancerre à travers les vignes ou au-dessus du fleuve. Le parcours (13 kilomètres aller-retour) traverse trois ponts (dont un viaduc de 40 mètres de hauteur dominant Saint-Satur et le golf de Sancerre !) et offre des vues inédites sur les bords de la Loire et le vignoble.

Adresse Port-Aubry, 58200 Cosne-Cours-sur-Loire | Accès Depuis l'A 77, sortez à Cosne-Cours-sur-Loire, puis prenez la direction du viaduc de Port-Aubry | À savoir Amateurs de fromages de chèvre, passez par la ferme de Port-Aubry toute proche pour assister à la traite et goûter leurs spécialités : le crottin de Chavignol et les glaces au lait de chèvre !

20 La grotte de Champ Retard

Sans filet

Abandonnée depuis plus de 70 ans, cette carrière de pierres blanches, celles qui ont donné vie aux plus beaux bâtiments de Paris, méritait une reconversion plus digne que d'être envahie par les herbes folles. Oubliée et peu à peu avalée par la végétation, elle a été réhabilitée en 2003 par un passionné un peu fou et un brin visionnaire. Il a eu l'idée d'aménager ces immenses murs de pierre en un parcours d'aventure d'une tout autre dimension. Oubliez les arbres et la verdure des célèbres parcours d'accrobranche que l'on a vus et revus. Ici, vous êtes entourés de falaises abruptes dans une ambiance minérale qui garantit un peu de fraîcheur toute l'année !

Le site est tout simplement hors du commun : certaines parois, où sont installés les aménagements, s'élèvent à près de 14 mètres. Une ambiance qui sort des sentiers battus. La verticalité peut d'abord dérouter, mais le parcours est accessible à tous et permet de se dépasser. Fort en sensations, il n'est clairement pas de tout repos – logique, il suit le creux de la grotte et ses variations. S'élancer sur une tyrolienne, grimper un escalier de bois, escalader, se pencher ou sauter… il faut parfois se surpasser pour avancer ! Les jambes flageolent, le casque tape sur la roche, mais, heureusement, la ligne de vie est toujours présente pour vous accompagner et vous sécuriser. Zéro risque donc, mais la fierté en bout de course.

Depuis son ouverture, la grotte du Champ Retard s'est quelque peu diversifiée, puisqu'elle propose maintenant de nouvelles aventures et activités comme du paintball ou de la course d'orientation. Il est possible d'organiser des événements comme des anniversaires ou des enterrements de vie de garçon et de jeune fille, des fêtes de famille… et même de dormir sur place pour une expérience plus intense, loin de toute population. Et le lieu réserve une dernière surprise : l'acoustique de la carrière abandonnée est idéale pour les concerts exceptionnels donnés pendant l'été !

Adresse RD 11, 89440 Coutarnoux, www.aventure-en-bourgogne.com | Accès Depuis l'A 6, sortez à Tonnerre, puis suivez Avallon. Au niveau de Joux-la-Ville, suivez Dissangis via la D 11 | Horaires d'ouverture D'avril à novembre, horaires selon la période | À savoir Vous êtes amateur d'escalade ou de randonnée ? Le rocher du Saussois est un lieu qui se prête aussi bien à la grimpette qu'aux balades.

21 Le château de Maulnes

Un mystérieux pentagone

Esseulé en haut de sa butte, le château de Maulnes domine fièrement la région. Sa forme imposante et ses dimensions impressionnantes font qu'on peut difficilement le rater. Il étonne, il détonne même ! Un tel château, vous n'en verrez nulle part ailleurs, tout simplement, car ses plans sont basés… sur un pentagone !

Si l'architecte reste inconnu, les commanditaires de cette bâtisse sont Louise de Clermont, comtesse de Tonnerre, et son mari Antoine de Crussol, duc d'Uzès. Afin d'asseoir leur autorité, ils décidèrent de se faire construire une immense demeure au milieu de leurs bois. L'emplacement choisi était idéal, puisqu'en hauteur et à proximité de trois sources d'eau. Les travaux débutèrent en 1566 ; il a fallu 10 ans tout rond pour achever ce château unique et atypique, aux lignes austères et épurées. Une fois à l'intérieur, on perd vite ses repères, car il ne ressemble à aucun autre. Si son organisation semble labyrinthique, elle est finalement bien pensée : au centre, un escalier à vis donne sur un puits de lumière en haut et un puits d'eau en bas, et dessert tout le bâtiment. Au deuxième étage se trouvent des espaces de détente pour se délasser après les parties de chasse. Suivent les appartements des propriétaires, une grande salle de séjour et un étage pour les invités. Malheureusement, le château n'a que très peu servi, puisqu'Antoine de Crussol mourut en 1573 – Louise refusa alors d'y retourner. Les propriétaires se sont ensuite succédé, et le palais est vite tombé en désuétude. Depuis peu, il bénéficie d'une vaste campagne de restauration pour remettre en valeur ce lieu unique de la Renaissance.

Comme tout lieu mystérieux, Maulnes possède une légende : celle de la fée Mélusine. Il se raconte que cette fée en fut la châtelaine pendant un temps. Très sévère envers ses vassaux, elle aurait même poussé une petite fille du haut de l'escalier dans le puits. Prise de remords, elle s'y serait jetée à son tour. Depuis, elle hanterait le château la nuit et s'en prendrait aux enfants.

Adresse Hameau de Maulnes, 89740 Cruzy-le-Châtel, www.maulnes.com | Accès Depuis l'A 6, sortez direction Montbard, puis suivez Tonnerre par la D 905. À Ancy-le-Franc, suivez Cruzy-le-Châtel | Horaires d'ouverture D'avril à novembre, horaires sur le site internet | À savoir Pour se détendre après la visite, rendez-vous à Villon, au café culturel associatif, où des expositions, des ateliers de création et des soirées à thème animent le village (1 rue des Vignes, 89740 Villon).

22 La porte du Diable

Toc, toc, qui est là ?

Le soleil vient de se coucher et le crépuscule s'est lentement installé. Autour de vous, la nature est calme, un petit vent frais vient vous caresser la joue et faire danser les feuilles. La pleine lune éclaire de toute sa splendeur une mystérieuse ouverture au beau milieu de la forêt. Il est minuit et vous êtes face à la fameuse porte du Diable ! Oserez-vous vous y aventurer ?

Cette entrée secrète marque le début de la ferme de Champmoron, propriété d'Adolphe Bonnet, qui hérita du domaine de son père en 1828. L'homme était très énigmatique, voire ésotérique. Il disparaissait parfois plusieurs jours, et ceux qui le croisaient par hasard la nuit le voyaient discuter avec d'invisibles personnages, marmonnant des prières ou des incantations… À partir de morceaux d'édifices religieux ou féodaux abandonnés depuis la Révolution, il fit ériger la fameuse porte, isolée au milieu de la verdure. Nombreux furent ceux qui pensèrent que le porche donnait sur l'Enfer – ainsi naquit la rumeur…

Adolphe décéda en 1873 et fut enterré à deux pas de la porte, dans un tombeau plusieurs fois pillé. Depuis, les légendes entourent cette étrange construction : l'apparition d'un chien en feu, la disparition de personnes, des feux follets qui s'échappent du tombeau, un moteur de voiture qui se coupe tout seul… Des sectes malveillantes fréquentaient régulièrement l'endroit et la Dame blanche y serait même apparue ! Mais toute diablerie s'évanouit lorsque l'on apprend que le présumé Diable qui orne le linteau de la porte serait tout simplement un bonnet phrygien, usé par le temps ! Les éléments auraient été décrochés de l'hôtel Bernardon à Dijon pendant la Révolution. Profitez de la quiétude de l'endroit pour découvrir les lieux et parcourir les sentiers de randonnée environnants. Faites malgré tout attention en franchissant la porte. On dit que le malheur s'acharne sur celui qui ressort par la porte par laquelle il est entré.

Adresse 21121 Daix | **Accès** La porte du Diable se trouve le long de la route qui relie la D 107 à Plombières-lès-Dijon | **À savoir** Pour faire une belle randonnée, garez-vous sur le parking de la cité de la Flamme à Plombières-lès-Dijon, juste après le tunnel, et dirigez-vous vers le prieuré de Bonvaux.

23 La Fabuloserie

Musée hors norme

À la Fabuloserie, l'art n'a pas de frontières, pas de limites, pas de normes. Au sein de ces murs, vous allez rencontrer des œuvres qui ne vous laisseront pas indifférent : certaines étonnent, détonnent, d'autres impressionnent ou questionnent. Ici, l'art s'apprécie pour son excentricité ou son extravagance et non pour la réputation des créateurs. Et pour cause, ces derniers sont d'illustres inconnus, des artistes autodidactes qui ont commencé, à un moment de leur vie, à créer sans savoir qu'ils le faisaient. Sans formation artistique ni connaissances théoriques, ils ont malgré eux inscrit leur talent dans le mouvement de l'Art brut, un courant artistique défini par l'artiste Jean Dubuffet.

Cette étonnante maison-musée a été imaginée en 1983 par Alain Bourbonnais, lui-même artiste et amateur d'Art brut. Architecte de métier, il a entièrement retapé cette maison de campagne selon ses goûts pour y accueillir, au fil des années, quelque 1 200 œuvres en tout genre. Chaque recoin est ainsi peuplé de créatures tout à fait singulières. Tableaux, constructions, mises en scène, détournement d'objets et de matière… les supports sont multiples et les créateurs viennent de tous les horizons.

Plus que de simples objets artistiques, ces travaux sont le reflet d'histoires riches et surprenantes, à l'image du manège de Petit Pierre, ce jeune vacher atteint d'une malformation congénitale de naissance. Moqué, il s'est réfugié dans la construction et la mécanique et a élaboré au fil du temps, à force de travail et de trouvailles, un manège doux et poétique qui regorge de merveilles à admirer dès qu'il se met en marche.

Entre la déambulation dans la maison-musée, où des médiateurs partagent leur savoir, et la visite guidée dans le « jardin habité », le temps file à grande vitesse entre les murs de la Fabuloserie. On ressort des couleurs plein les yeux et des rêves plein la tête.

Adresse 1 rue des Canes, 89120 Dicy, www.fabuloserie.com | **Accès** Depuis l'A 6, sortez à Villeneuve-sur-Yonne, puis prenez la direction de Montargis via la D 943. À Dicy, suivez « Fabuloserie » | **Horaires d'ouverture** D'avril à octobre, le samedi et le dimanche de 11 h à 19 h ; tous les jours en juillet et août de 11 h à 19 h | **À savoir** Vous avez envie de poursuivre l'exploration ? La Fabuloserie dispose également d'une galerie à Paris qui présente chaque année des expositions éphémères (52 rue Jacob, 75006 Paris).

24 La manufacture de Digoin

Le retour de l'ancien

Bienvenue à Digoin, au cœur de la vallée de la céramique ! Il y a encore quelques dizaines d'années, le grès était incontournable dans nos cuisines : il servait pour cuire, conserver, présenter... Puis le plastique et le verre sont arrivés. Beaucoup moins chers à produire, ils ont très vite supplanté la céramique, qui a connu un véritable désamour du public. Mais aujourd'hui, celle que l'on pensait dépassée et démodée refait son apparition sur le devant de la scène. Et ce, grâce à Corinne Jourdain Gros, une publicitaire parisienne qui se passionne pour les manufactures françaises. En 2014, elle décide de reprendre la manufacture de Digoin et de se servir de son savoir-faire ancestral pour lancer de nouvelles collections.

En parcourant les lieux, vous aurez cette sensation étrange d'être seul au monde, de partir à la découverte d'un univers inexploré. Le temps s'est comme arrêté à la manufacture. Le site historique s'étend sur plus de 2 hectares, et les 18 000 mètres carrés de bâtiments sont restés dans leur jus. On y découvre des milliers d'anciens moules, de vieux outils, des machines... Corinne Jourdain Gros a eu le coup de cœur pour cette ambiance et ces décors anciens. Elle a donc repris les moules existants en y apportant une touche de modernité avec des couleurs actuelles. Elle a également réembauché 10 anciens employés, qui connaissaient les techniques sur le bout des doigts. Le processus n'a pas changé : toutes les pièces sont faites sur place, à la main, avec des matières premières venues de la région. La céramiste a su trouver le subtil mélange entre mécanisation et intervention humaine pour perpétuer son activité.

La visite nous emmène à la rencontre des professionnels qui font vivre avec passion les différents métiers. On peut ainsi les admirer à l'œuvre et apprécier leur dextérité. C'est captivant et le résultat est magnifique. Avant de partir, ne manquez pas de passer par le magasin d'usine et de faire de la place dans le coffre : il ne faudrait pas repartir les mains vides !

Adresse 1 rue de la Verne, 71160 Digoin, www.manufacturededigoin.com | **Accès** Depuis la N 79, prenez la D 982 direction Roanne, puis la D 979 | **Horaires d'ouverture** Le jeudi et le vendredi de 10 h à 12 h et de 14 h à 16 h. Visite des ateliers sur réservation ou lors des visites programmées en partenariat avec l'office de tourisme du Grand Charolais à Digoin | **À savoir** Pour compléter votre vaisselle, passez par la boutique Emile Henry à Marcigny, une autre marque de céramique « made in Saône-et-Loire » (zone industrielle de Saint-Nizier, 71110 Marcigny).

25 Le pont-canal

À la croisée des canaux

Vous êtes-vous déjà demandé s'il était possible de faire passer un cours d'eau par-dessus un autre ? Cela paraît inconcevable et pourtant... Quand il en a besoin, l'homme est capable de prouesses inimaginables ! Depuis 1838, la ville de Digoin est dotée d'un pont-canal, une structure qui permet à un canal latéral de franchir la Loire. La construction est pour le moins originale, mais pas unique. Il en existe un peu plus de soixante en France, dont six en Bourgogne. Malgré tout, ce pont-canal aurait été l'un des premiers à voir le jour, et surtout, il est l'un des plus longs avec ses 243 mètres de longueur. Il se termine par une écluse qui marque la fin du canal du Centre. L'impressionnant ouvrage, percé de 11 arches, est une authentique prouesse architecturale signée Pierre-Alexandre Adolphe Jullien, un architecte âgé de seulement 29 ans à l'époque. Il fallut 4 années de travaux pour aboutir à un tel résultat. Un grand banquet fut d'ailleurs organisé le jour de sa mise en service, toutes les personnes ayant participé à sa construction se retrouvant ainsi réunies. Les premiers bateaux qui le traversèrent eurent l'immense privilège de pouvoir s'arrêter pour profiter de la vue. Ce fut une occasion unique, puisqu'il est strictement interdit de faire une halte sur le pont-canal !

Pour en profiter malgré tout, vous avez plusieurs solutions : la « voie royale » bien sûr, l'eau ! Péniches et bateaux, de plaisance ou de croisière, peuvent l'emprunter pour s'offrir une vue imprenable et inédite sur la Loire en contrebas, le dernier fleuve sauvage d'Europe. Mais les piétons ne sont pas en reste, puisque les rives sont bordées de quais pour se promener paisiblement au fil de l'eau. Les cyclotouristes, nombreux puisque le pont-canal est un point de passage de plusieurs véloroutes, sont, quant à eux, priés de marcher à côté de leur monture. L'horaire idéal pour y passer ? Au coucher du soleil : vous pourrez alors profiter de la lumière vespérale qui vient souligner les arcs supportant le pont.

Adresse 2 rue des Perruts, 71160 Digoin | **Accès** Depuis la N 79, prenez la sortie 22 en direction de Paray-le-Monial-Sud. Prenez la D 979 vers la Z.A. de Barberèche. Au rond-point, suivez « Pont-canal » | **À savoir** Il est possible de louer des canoës ou des kayaks pour passer directement sous le pont et profiter d'une vue encore plus spectaculaire.

26 La bibliothèque municipale de Dijon

Une salle de lecture peu commune

Il y a des lieux plus propices à la concentration que d'autres. La salle d'étude de la bibliothèque municipale de la ville de Dijon en est un ! La ville dispose d'un réseau de huit bibliothèques, mais la plus impressionnante est sans aucun doute la bibliothèque patrimoniale et d'étude.

En 1581, Odinet Godran, président du parlement de Bourgogne, décida de fonder un collège confié aux jésuites. Pour l'accueillir, il céda l'une de ses propriétés, un hôtel particulier en plein cœur de la ville. L'établissement passa sous l'égide du roi en 1764, après l'expulsion des jésuites du Royaume de France. Se succédèrent par la suite l'école centrale du département de la Côte-d'Or, l'école de dessin, une école primaire annexe de l'école normale et l'école de musique de la ville. En 1909, les bâtiments furent finalement attribués à la bibliothèque municipale. Depuis, les visiteurs ont la chance de pouvoir étudier dans un cadre peu commun : une chapelle jésuite du XVIIe siècle ! Le décor est si féerique qu'on le penserait tout droit sorti d'un conte. Sur les côtés, 10 petites chapelles latérales sont les écrins de documents rares et précieux. Leur consultation se fait sous les yeux de petits angelots sculptés sur les voûtes de l'ancienne église. Mais l'exploration ne s'arrête pas là ! D'autres salles, plus confidentielles, réservent de belles surprises, comme la salle des Devises, qui date du XVIIe siècle et dont le plafond est richement décoré. Ou la salle Boullemier, agencée sur le modèle de la Bibliothèque royale au XVIIIe siècle, où les notables bourguignons tenaient réunion. Et enfin la salle du Globe, où sont exposés d'impressionnants globes terrestres, dont un de 2 mètres de diamètre de 1740. Parmi les 500 000 documents conservés, la bibliothèque peut s'enorgueillir de détenir une collection unique en France : un fonds gourmand de plus de 40 000 ouvrages anciens et contemporains sur le thème de la gastronomie et de l'œnologie.

Adresse 3 rue de l'École-de-Droit, 21000 Dijon, bm.dijon.fr | **Accès** Depuis la place de la République à Dijon, prenez la rue Jean-Jacques-Rousseau, puis la rue Auguste-Comte. Au niveau de la place du Théâtre, continuez dans la rue Chabot-Charny et enfin rue de l'École-de-Droit | **Horaires d'ouverture** Du mardi au samedi de 11 h à 18 h | **À savoir** Pour aller plus loin, direction la section Dialecte bourguignon, où vous retrouverez des ouvrages traduits en patois, dont un célèbre album de Tintin *Lés ancorpions de lai Castafiore*.

27 Le fort de la Motte-Giron

Place forte inoccupée

Sur les hauteurs de Dijon, un monument se fait discret. Pourtant, c'est lui qui offre l'une des plus belles vues sur la ville. Le fort de la Motte-Giron n'est pas le plus visité – et pour cause, puisqu'il est très régulièrement fermé au public. Mais une fois par an, lors des Journées européennes du patrimoine, il ouvre ses larges grilles à un public curieux et averti.

Cette solide construction date de 1876 et servait de base arrière à une ceinture de cinq autres forts qui sont venus entourer Dijon entre 1875 et 1883 : Asnières-lès-Dijon, Ouges, Hauteville-lès-Dijon, Varois-et-Chaignot et Sennecey-lès-Dijon. Ces forts sont complétés par une redoute à Saint-Apollinaire, des batteries annexes (à Norges-la-Ville et le Mont-Afrique à Flavignerot) et des poudrières, dont une rue d'Auxonne. Cette place fortifiée devait être une deuxième ligne de défense d'un système mis au point par Séré de Rivières et décidé après la lourde défaite de 1870 contre la Prusse. L'emplacement du fort de la Motte-Giron, au sud-ouest de la ville, était idéal, puisqu'il permettait de surveiller la vallée de l'Ouche, le canal de la Bourgogne, la voie ferrée Paris-Lyon et les routes menant à Lyon et à Paris. Avec ses 50 pièces d'artillerie d'une portée de 9 kilomètres et sa capacité de 720 hommes, il était classé « citadelle de commandement » et devait empêcher l'ennemi d'utiliser des moyens de communication dans le secteur.

Avec les progrès de l'artillerie, le fort devint obsolète dès 1901 et fut désarmé à la fin de l'année 1915 en faveur de la ville de Verdun et du front de l'Est. Il servit ensuite de prison pendant les deux guerres mondiales et fut peu à peu laissé à l'abandon. Sa restauration est aujourd'hui assurée par des bénévoles. Pour en profiter toute l'année, un parc autour du fort, semi-enterré, a été aménagé ; les combes à la Serpent et Persil offrent de magnifiques départs de randonnées accessibles à tous.

Adresse 95 chemin du Fort-de-la-Motte-Giron, 21000 Dijon | **Accès** Depuis Dijon, dirigez-vous vers la Fontaine d'Ouche, puis vers le lycée des Marcs-d'Or. Continuez de grimper vers le point de vue | **Horaires d'ouverture** Ouvert lors des Journées du patrimoine | **À savoir** Une autre expérience à ne vivre qu'une seule fois par an : le réservoir d'eau du jardin Darcy est ouvert au public chaque hiver lors de sa vidange (place Darcy, 21000 Dijon).

28 La Péniche Cancale

Les pieds dans l'eau

Dès qu'un rayon de soleil pointe le bout de son nez, on s'imagine au bord de l'eau, un chapeau de paille vissé sur la tête et une boisson fraîche à la main. À Dijon, point de mer à l'horizon, mais le canal de Bourgogne ! Avouez que l'illusion est (presque) totale…

La capitale de la Bourgogne a longtemps accueilli un port commercial pour approvisionner la ville et les alentours en matières premières. Aujourd'hui transformé en port de plaisance, le lieu est un point de rendez-vous pour bon nombre de citadins. Il faut dire que le bassin a été entièrement rénové et réaménagé avec des pistes cyclables, un mini-terrain de football et des jeux pour enfants… Mais le port de Dijon s'est surtout imposé comme le nouveau spot à la mode grâce à la Péniche Cancale, un ancien bateau métamorphosé en bistrot-spectacle flottant ! Derrière cet ambitieux projet, on retrouve trois visionnaires et une coopérative culturelle à visée ludique et transgénérationnelle. L'établissement propose une partie bistrot et un bar où l'on peut partager quelques douceurs venues tout droit du marché. Aux beaux jours, les épicuriens profitent du ponton aménagé en bar-restaurant, mais aussi de la terrasse à quai pour faire durer la soirée. La cale, elle, sert de dancefloor lors de soirées musicales et à thèmes. La programmation est hétéroclite : animations culinaires, quiz, DJ, concerts… Surtout, ne manquez pas les Boum Love Boat, de véritables institutions.

Au calme, légèrement en retrait de l'effervescence du centre-ville, la péniche est parvenue à réunir toutes les générations (il n'est pas rare d'y voir de jeunes enfants accompagnés de leurs grands-parents !) et toutes les classes sociales. Elle fédère notamment grâce à des valeurs et des engagements forts : elle est paritaire, sociale, écoresponsable, engagée… Exit le jetable et l'éphémère : on préfère ici le local, le durable et la solidarité. L'arrivée de la péniche a redynamisé le quartier qui s'est transformé en profondeur.

Adresse Port du Canal, 21000 Dijon, penichecancale.com | **Accès** Direction centre-ville de Dijon, accès aisé en tramway | **Horaires d'ouverture** De juin à août, le mercredi et le jeudi de 18 h à 23 h, le vendredi et le samedi de 18 h à 2 h ; de septembre à mai, le jeudi de 19 h à minuit, le vendredi et le samedi de 18 h à 2 h | **À savoir** Le port est le point de départ de jolies balades au bord de l'eau. Ne manquez pas non plus le Consortium non loin de là, un centre d'art contemporain (37 rue de Longvic, 21000 Dijon).

29 Le puits de Moïse

Six prophètes pour une œuvre monumentale

Si bon nombre de Dijonnais connaissent l'existence du puits de Moïse, peu l'ont déjà visité. Il faut dire que sa localisation n'aide pas : il est situé en plein cœur d'un endroit que l'on aimerait éviter… un hôpital psychiatrique, la Chartreuse (« la Chacha » pour les locaux). Des visites sont heureusement organisées, il n'est pas obligatoire de se faire interner pour en profiter !

Le puits de Moïse est en réalité un vestige d'une ancienne abbaye, la chartreuse de Champmol, qui aurait servi de nécropole ducale avant d'être détruite sous la Révolution. S'y trouvaient autrefois un monastère occupé par 24 moines chartreux, un cloître et une église, ainsi que les sépultures de Philippe le Hardi (à l'origine de cette abbaye) et de Jean sans Peur. Après 1789, la chartreuse devint un bien national, les moines furent chassés et les corps des ducs de Bourgogne furent transférés à l'église Saint-Bénigne avant de rejoindre le musée des Beaux-Arts.

Le puits de Moïse se tient dorénavant, seul, au milieu d'une cour et offre à ceux qui le veulent ses magnifiques sculptures. L'œuvre, qui date de 1405, semble avoir perdu de sa superbe : les années et certaines dégradations ont fait disparaître les peintures vives qui faisaient ressortir les symboles et les moulures. Il reste malgré tout le plus important : les statues des six prophètes qui ont prédit la mort et la résurrection du Christ, à savoir Moïse, David, Jérémie, Zacharie, Daniel et Isaïe. Chacun est adossé à l'une des faces du pilier en forme d'hexagone, dans une petite niche, entouré d'anges et de feuillages. Les prophètes portent un phylactère – un morceau de parchemin – contenant un extrait de leurs écrits en lettres gothiques annonçant la Passion du Christ. De nombreux détails historiques et religieux peuvent être apportés par un guide, mais même sans cela, on apprécie la précision employée pour ornementer ce monument. Le puits de Moïse reflète la superbe de la période de la dynastie des ducs de Bourgogne.

Adresse Centre hospitalier spécialisé La Chartreuse, 1 boulevard Chanoine-Kir, 21000 Dijon, www.ch-lachartreuse-dijon-cotedor.fr | **Accès** Depuis le boulevard des Bourroches, continuez toujours tout droit, puis tournez à droite boulevard Chanoine-Kir | **Horaires d'ouverture** Visites organisées par l'office de tourisme de Dijon | **À savoir** Ne passez pas à côté des impressionnants tombeaux des ducs de Bourgogne au musée des Beaux-Arts de Dijon (1 rue Rameau, 21000 Dijon).

30 Les ponts-levis

Deux pour le prix d'un

Les quelque 176 kilomètres de canal du Nivernais ne comptabilisent pas moins de 116 écluses ! Parmi celles-ci, on peut admirer une belle variété d'ouvrages : des écluses simples, à une seule porte, des doubles, à deux portes, et même une triple à Chavance ! Il faut également évoquer l'échelle d'écluses à Sardy, où s'alignent 16 écluses sur à peine 3,6 kilomètres. Impressionnant n'est-ce pas ? Plus étonnant encore : on recense 13 ponts-levis sur tout le canal ! Un genre de construction peu commun qu'il est encore possible d'admirer.

Ces ponts mobiles qui se lèvent et se baissent juste au-dessus des canaux sont l'équivalent des passages à niveau des chemins de fer. Ils permettent de relier deux rives en limitant les travaux et les coûts. À l'origine, ces ponts-levis étaient des ponts levants à flèche manuels : pour relever le pont, il fallait actionner la chaîne permettant l'oscillation de la flèche et donc le levage du pont (le tablier). La petite commune de Dirol, dans la Nièvre, a l'originalité de posséder non pas un, mais deux ponts-levis seulement à quelques mètres l'un de l'autre ! Quand un bateau arrivait, les enfants du village prenaient plaisir à se précipiter pour tirer sur la chaîne et lever le pont en échange d'une petite récompense. Aujourd'hui, ils ont été modernisés et sont électrifiés : les plaisanciers peuvent donc l'activer seuls sans attendre un éclusier ou une bonne âme sur la rive. Mais gare à bien le redescendre en repartant !

Si l'un de ces ponts mobiles est entièrement en métal et d'un bleu éclatant, le second a la particularité d'être en bois. Sa charpente date des années 1830 et fait encore bonne figure – comme si le temps s'était arrêté dans ce petit village depuis le XIXe siècle. Précisons tout de même que le pont de bois a été restauré et remonté à son emplacement sur le canal en 2013. Ces ponts sont une excuse toute trouvée pour débuter une balade le long du canal, à pied ou à vélo, sans faire de vagues.

Adresse 58190 Dirol | Accès Empruntez la D 6 et suivez Lormes, puis Ruages. Prenez la D 528 pour Dirol | À savoir Pour voir d'autres ponts levants, beaucoup plus impressionnants, passez par Montceau-les-Mines, en Saône-et-Loire. Ils sont au nombre de trois et sont démesurés !

31 Le lavoir de la roche

Au goutte-à-goutte

Il doit exister en France des centaines de lavoirs, si ce n'est des milliers. Ces bassins construits dans les communes ont principalement prospéré au XIXe siècle. À cette époque, un lavoir est souvent synonyme de progrès : ils ont fortement contribué à l'amélioration de l'hygiène et de la propreté, empêchant la propagation de bon nombre d'épidémies.

Dans l'Yonne, un certain Edme Tircuit, architecte avallonnais, a laissé sa patte un peu partout dans le département. À l'origine de plusieurs ponts, églises et lavoirs dans la seconde moitié du XIXe siècle, il a offert une construction toute particulière au petit village de Dissangis, d'à peine 300 âmes à l'époque : un lavoir étonnant, qui semble magique. Au centre du petit bassin, une pierre aux dimensions impressionnantes donne l'illusion de léviter au-dessus de l'eau. Mais rien de sorcier, tout s'explique scientifiquement ! Un tuyau permet à l'eau de jaillir à plus de 2 mètres au-dessus du niveau du bassin. Alors qu'elle retombe en pluie, le bicarbonate de calcium qu'elle contient arrive à l'air libre et libère du dioxyde de carbone, ce qui entraîne une précipitation de calcaire formant petit à petit cette énorme masse, qu'on appelle une concrétion calcaire. La mousse et les fleurs se sont emparées de cette jolie boule et lui confèrent un aspect irréel. Le spectacle est unique et fait son petit effet ! Le lavoir qui l'entoure, malgré sa petite taille, n'en est pas moins intéressant. De forme octogonale, il est à impluvium : son toit incliné permet de récupérer directement les eaux de pluie par écoulement sans mouiller l'intérieur.

Votre visite à Dissangis peut s'accompagner d'une randonnée familiale par le circuit de la vallée du Serein et du moulin à vent. Elle débute à L'Isle-sur-Serein, où vous pourrez retrouver des informations à la maison du tourisme pour découvrir le château et son patrimoine, se poursuit à Dissangis et se termine à Civry, réputé pour ses fontaines.

Adresse Grande Rue, 89440 Dissangis | Accès Depuis l'A 6, sortez en direction d'Avallon par la D 50. Suivez la D 104 via Sauvigny-le-Bois, puis la D 86. Rejoignez enfin la D 11 direction Noyers | À savoir Non loin de là, le petit village médiéval de Montréal saura vous charmer.

32 L'huilerie du Moulin de l'Île

Entrer comme dans un moulin

À Donzy, c'est une jolie petite grenouille qui fait la visite ! Accompagnée de ses QR codes disséminés un peu partout dans la ville, elle vous mènera aux différents lieux d'intérêt : la mairie, l'église, la place du Jeu-de-Paume, le sentier des zones humides... Sur votre route, vous croiserez forcément le moulin de Maupertuis, un écomusée dédié à la meunerie. Grâce à une scénographie et des ateliers, les machines et les gestes d'antan sont à nouveau mis à l'honneur, de la transformation du blé en farine à la fabrication du pain. À quelques mètres se trouve un autre moulin, toujours en activité : celui de l'huilerie du Moulin de l'Île. Le propriétaire est le seul de la région à encore faire tourner ses machineries pour fabriquer de l'huile traditionnelle, d'une excellente qualité, pure et de première pression. Les locaux (et pas que) y viennent en nombre pour lui confier leurs stocks de noix et de noisettes.

Depuis 1882, la technique n'a pas changé, ou presque. L'eau qui coule dans le bief suffit à actionner les roues et les engrenages, entraînant un ingénieux système qui fait rouler l'impressionnante meule de pierre (de la région !) de 2,2 tonnes. Sous la pression, les fruits secs finissent écrasés, puis sont chauffés et pressés. Trente minutes (et 20 kilos de produits) suffisent à produire 12 litres d'huile de noix ou 8 litres d'huile de noisettes. Ensuite, pas de gâchis, le tourteau qui reste sert à nourrir les animaux des environs ou est vendu dans la boutique attenante. On y trouve également des huiles maison ainsi que des farines ou des savons à base d'huile, évidemment. Ne manquez pas le produit indispensable pour votre prochaine soirée crêpes : la pâte à tartiner locale !

Ils ne sont plus beaucoup à travailler les produits à l'ancienne, alors quand un artisan préserve le savoir-faire local et s'illustre par un accueil chaleureux et des explications passionnantes, il est essentiel de lui rendre visite !

Adresse 14 rue de l'Éminence, 58220 Donzy, www.huileriedumoulin.fr | **Accès** Depuis l'A 6, sortez à Avallon, prenez la direction de Vézelay, puis Clamecy. Suivez Varzy, puis Donzy | **Horaires d'ouverture** Du lundi au vendredi de 9 h à 12 h et de 14 h à 17 h, le samedi de 10 h à 12 h | **À savoir** Un spot parfait pour profiter de la nature nivernaise à quelques kilomètres : les roches de Basseville.

33_La villa Perrusson

Pavillon témoin

Il était une fois un batelier, Jean-Marie Perrusson, dont l'activité sur le canal du Centre prospérait doucement. Un beau jour, il posa ses valises à Écuisses pour y installer sa fabrique de céramique. La production de ce matériau était alors en plein essor dans la région : à la fin du XIXe siècle, on dénombrait plus de 40 usines réparties sur 11 communes. Le succès fut tel qu'à peine 10 ans plus tard, Jean-Marie Perrusson fit construire une grande villa juste à côté de ses usines pour toute sa famille – symbole de sa réussite.

Comment soupçonner, en s'enfonçant dans cette ruelle, l'existence d'une si belle et grande demeure dans la commune ? Remise en parfait état, la maison est un petit joyau architectural. La famille Perrusson l'a voulue grandiose et somptueusement décorée afin d'impressionner invités et futurs clients. Tuiles plates émaillées, sculptures en céramique, décors en faïence, faîtages et mitres décorées et ouvragées… le précieux manoir mélange les styles, les formes et les couleurs dans la pure tradition Belle Époque. Avec cet édifice, les Perrusson souhaitaient montrer l'ampleur de leur savoir-faire, tous les éléments de façade pouvant être fabriqués et achetés à l'usine Perrusson. Une véritable maison catalogue en somme. L'intérieur est tout aussi étonnant et remarquable, puisque décoré des murs au plafond avec de la céramique colorée.

Les extérieurs valent aussi le détour : la villa est magnifiée par un jardin à l'anglaise parfaitement entretenu. Sur 1 hectare de verdure, on découvre différentes essences d'arbres exotiques qui, pour certains, datent de l'époque des Perrusson. La famille aimait y recevoir ses amis et se promener dans les allées sinueuses autour du bassin. À l'arrière se trouve une orangerie impeccablement décorée. Autrefois, des jardins menaient aux écuries.

On se plaît à déambuler dans le parc pour admirer la villa sous toutes ses coutures.

Adresse 1 rue de la Gare, 71210 Écuisses, www.villaperrusson.fr | **Accès** Depuis l'A 6, prenez la sortie Chalon-Sud et suivez Montceau. Prenez ensuite la direction d'Écuisses. Dans le village, longez le canal | **Horaires d'ouverture** D'avril à juin et de septembre à novembre, du mercredi au dimanche de 14 h à 18 h ; en juillet et août, du mercredi au dimanche de 10 h à 13 h et de 14 h à 18 h | **À savoir** Pour rester dans le thème de la céramique, le musée Paul Charnoz à Paray-le-Monial présente de très belles œuvres colorées et graphiques (32 avenue de la Gare, 71600 Paray-le-Monial).

34 Le cirque de la Coquille

Un lieu secret et paisible

Bien cachée dans le Châtillonnais, la petite commune d'Aignay-le-Duc sait se faire discrète. Elle ne fut pourtant pas toujours cette belle assoupie. Ancien village fortifié, elle était protégée par un château bâti par les premiers ducs de Bourgogne, rasé sur ordre de Louis XI. Il n'en reste plus une trace aujourd'hui. Fort heureusement, le lieu a d'autres ressources : en son sein coule la Coquille, un sous-affluent de la Seine. Cette petite rivière jaillit à quelques kilomètres de là, à Étalante, au pied d'un cirque naturel.

Pour s'y rendre, il suffit de suivre le chemin balisé au départ d'Aignay-le-Duc. Après quelques kilomètres parcourus dans le village puis dans la nature, un étonnant spectacle se dévoile. Le cirque de la Coquille, impressionnant et silencieux, s'impose à vous. Ce cône de 70 mètres de haut est composé d'éboulis calcaires qui encerclent la source. Il y a plusieurs millénaires, la topographie était tout autre ! Mais au cours des siècles et des rudes hivers, lentement, la source a façonné le vallon en le creusant et le faisant reculer. La roche calcaire qui compose le sol s'est délitée en blocs, puis en plaquettes et a glissé sur les pentes de plus en plus abruptes. La configuration du cirque semble peu accueillante pour la végétation, pourtant certaines plantes et fleurs de montagne se sont adaptées.

En contrebas, le cours d'eau de la Coquille s'écoule paisiblement. Protégé par la verdure luxuriante, il est l'endroit idéal pour faire une petite pause et tirer son goûter du sac. En contemplant l'eau limpide, vous aurez peut-être la chance de tomber sur un fossile de mollusque à coquille. Le site en regorge ; une particularité qui lui a peut-être d'ailleurs donné son nom. Mais gare à ne pas trop vous attarder, la Coquille est aussi connue comme le lieu d'habitation de la fée Greg, un personnage maléfique qui part à la chasse aux enfants pendant les périodes de crue. Seules des offrandes parviendraient à l'apaiser…

Adresse 21510 Étalante | Accès Depuis Dijon, suivez Is-sur-Tille via la D 903. Puis engagez-vous sur la D 901 en direction d'Aignay-le-Duc | À savoir À quelques encablures de là, ne passez pas à côté de l'abbaye d'Oigny, actuellement en rénovation.

35 Le parc Noisot

Parc hommage

Il y a des passions plus envahissantes que d'autres. Celle que portait Claude Noisot à Napoléon en est un bon exemple. Son adoration était telle que l'officier en est venu à consacrer un parc à la mémoire de « son » empereur.

Claude Noisot est né en 1787 à Auxonne, où Napoléon fit en partie ses classes. Il s'engagea très vite dans les régiments de fusiliers grenadiers. En 1814, il se porta volontaire pour accompagner l'Empereur lors de son premier exil sur l'île d'Elbe. Il en revint avec une profonde admiration pour l'homme d'État et l'envie de lui rendre hommage. À sa retraite, il profita des terres de sa femme sur les hauteurs de Fixin pour aménager un parc en son honneur. Rien ne fut laissé au hasard : la forêt plantée pour l'occasion était composée de pins pour rappeler l'odeur de l'île corse ; un peu plus haut, 100 marches furent taillées à même la roche en souvenir de l'épisode des Cent-Jours (la vaine tentative de reconquête de la France par Napoléon entre mars et juin 1815). Dans un petit coin au milieu des bois, Claude Noisot fit bâtir une reproduction miniature d'un bastion crénelé, l'une des anciennes habitations de Napoléon. À l'intérieur, il y installa un musée pour y exposer souvenirs de guerre, statues, tableaux, objets ou documents. On doit la pièce maîtresse du parc à François Rude, sculpteur dijonnais et ami de Noisot : une statue en bronze nommée *Napoléon s'éveillant à l'immortalité* représente l'Empereur coiffé d'une couronne de laurier, enveloppé dans son linceul.

À sa mort, Claude Noisot souhaita être enterré debout, sabre au clair, face à la statue de l'Empereur afin de la regarder pour l'éternité. Le sol étant trop dur, il fut enterré en position couchée à quelques pas seulement. Le parc Noisot est le point de départ de circuits de promenade ou de randonnée : en vous dirigeant vers les 100 marches, vous continuerez vers la combe et le plateau de Fixin d'où la vue est absolument magnifique !

Adresse Rue de la Perrière, 21220 Fixin | **Accès** Depuis Dijon, dirigez-vous vers Marsannay-la-Côte, puis Fixin. Suivez « Parc Noisot » | **Horaires d'ouverture** Parc : ouvert toute l'année. Musée : de mai à septembre, le samedi et le dimanche de 14 h 30 à 18 h 30 | **À savoir** À Marsannay-la-Côte, La Table du Rocher est l'un des plus anciens cafés conservés. Il a été créé par un grognard tavernier en hommage à Napoléon (encore !) L'intérieur est étonnant, car orné de faux rochers en ciment décorés (85 route de Beaune, 21160 Marsannay-la-Côte).

36_La Grange

Le terroir dans l'assiette

Classé parmi les plus beaux villages de France, Flavigny-sur-Ozerain est doté d'un charme fou. Ses maisons en pierre, habillées de roses trémières en plein été, y sont pour beaucoup… Ou peut-être est-ce cette douce et sirupeuse odeur qui émane de la fabrique ancestrale de bonbons à l'anis à l'entrée du village ?

C'est au sein de cette paisible bourgade que se sont installées Madeleine et Marie-Jeanne en 1976. À la suite d'une sécheresse historique, les deux agricultrices ont décidé d'ouvrir une table d'hôte pour y proposer des produits de la ferme à leurs clients. L'idée était surtout de diversifier leurs sources de revenus pour compenser leur perte de salaire et faire reconnaître le travail des femmes en milieu rural. Pari réussi, puisqu'une nouvelle génération de femmes (et même un homme !) a repris l'ambitieux projet. Une quinzaine d'agricultrices ont ainsi formé un groupement d'intérêt économique nommé Les 4 Heures Soupatoires et régalent les milliers de visiteurs qui passent par le village. L'adresse se partage entre connaisseurs et traverse même les frontières, puisque les gourmands viennent parfois de loin pour avoir la chance de goûter sa célèbre tarte à l'époisses, un classique de la région. En cuisine, les agricultrices retroussent leurs manches pour proposer un menu fermier 100 % local : les produits cuisinés sont bien évidemment issus de leur production (volailles, lapins, escargots, fromages, confitures, miel, vins…) ou d'acteurs locaux et s'adaptent aux saisons et aux récoltes. La cuisine se veut généreuse et le service sans chichi, puisque les plats sont proposés en libre-service.

Satisfait et repu, c'est le sourire aux lèvres que vous partirez à la découverte du village de Flavigny-sur-Ozerain et de ses 2 000 ans d'histoire. La visite des remparts offre un magnifique point de vue sur la campagne environnante. On comprend mieux pourquoi Jules César y avait installé trois camps militaires en 52 av. J.-C., non loin de la célèbre ville d'Alésia.

Adresse Place de l'Église, 21150 Flavigny-sur-Ozerain, fermeauberge-flavigny21.fr | **Accès** Depuis l'A 38, sortez à Sombernon, puis suivez Vitteaux. Continuez en direction de Venarey-les-Laumes. Bifurquez vers Flavigny-sur-Ozerain au niveau de Pouillenay et garez-vous au pied des remparts | **Horaires d'ouverture** D'avril à octobre, tous les jours sauf lundi de 12 h à 17 h 30 ; en juillet et août, tous les jours de 12 h à 17 h 30 ; en mars et novembre, les dimanches et jours fériés de 12 h à 17 h 30 | **À savoir** Complétez votre visite avec la maison des Arts textiles et du design, fondée par Daniel Algranate, et son jardin botanique (3 rue Lacordaire, 21150 Flavigny-sur-Ozerain).

37_Estelle Meunier Végétaliste

Une artiste à la main verte

On n'entre pas chez Estelle Meunier comme dans n'importe quelle boutique. On y pénètre à pas feutrés, les yeux grands ouverts pour ne rien manquer du spectacle. L'artiste, qui se définit comme végétaliste, nous fait immédiatement entrer dans son univers doux et poétique. Rien n'est laissé au hasard : le moindre détail se veut esthétique et réfléchi, comme ses compositions fleuries qui réutilisent des caisses de vin (hommage à la région !) ou ses fées, sa marque de fabrique, faites de végétaux séchés ou lyophilisés, glanés par ses soins.

Depuis toujours, Estelle Meunier prend plaisir à travailler la nature pour la transformer et la sublimer. C'est d'ailleurs pour cela qu'elle a inventé le terme « végétaliste » il y a maintenant plus de 10 ans. Ne l'appelez pas fleuriste ! Dans sa boutique, vous ne trouverez pas de fleurs coupées (sauf sur commande), mais des créations uniques à base de plantes vertes ou de fleurs séchées dans des contenants détournés et originaux. Hors de question de céder aux sirènes de la mode, Estelle exerce son métier comme elle l'entend. C'est d'ailleurs pour cela qu'elle est régulièrement en avance sur les tendances. Écolo bien avant tout le monde, elle prône l'anti-gaspillage et un commerce raisonné et raisonnable.

Cette philosophie la suit depuis le début de sa carrière, commencée à Paris auprès de Pierre Declecq, un Meilleur ouvrier de France, pour parfaire sa formation, puis à Pontarlier dans sa propre boutique de fleurs-salon de thé. C'est à ce moment-là qu'elle a développé son art, perfectionné sa technique et a commencé à s'illustrer par sa finesse. Elle a d'ailleurs remporté un Mercure d'or en 2005, la plus haute distinction nationale pour un commerçant. Mais lasse de cette effervescence et du rythme effréné, Estelle a décidé de ralentir et de dénicher un atelier au calme pour cultiver son art. Depuis plusieurs années maintenant, elle fait le bonheur des habitants de la Côte de Nuits et de Gevrey-Chambertin, où ses créations ne passent jamais inaperçues.

Adresse 2 rue Souvert, 21220 Gevrey-Chambertin, destin-brindille.com | **Accès** Depuis Dijon, dirigez-vous vers Marsannay-la-Côte, puis Gevrey-Chambertin. Prenez la direction de la mairie, la boutique se trouve juste en face | **Horaires d'ouverture** Du mardi au samedi de 14 h à 18 h | **À savoir** Le coin regorge de bonnes adresses, mais pour un déjeuner généreux et sans prétention, direction La Jeannette, à deux pas de la boutique d'Estelle Meunier (1 rue Gaizot, 21220 Gevrey-Chambertin).

38 La saboterie Marchand

Les deux pieds dans le même sabot

Il y a encore quelques dizaines d'années, tout bon Morvandiau se devait d'avoir sa paire de sabots ! Éléments indispensables du costume traditionnel régional, ils étaient aussi et surtout un formidable outil de travail pour aller aux champs ou à l'usine. Porter des sabots de bois demande certes un peu de pratique et de dextérité pour être à l'aise, mais ils isolent très bien du froid ; un atout non négligeable dans cette région aux hivers longs et rudes.

Au début du XXe siècle, des centaines de sabotiers peuplaient le département. S'ils ont presque tous disparu aujourd'hui, une entreprise perpétue la tradition familiale de père en fils. Depuis 1947, la saboterie Marchand a gardé les mêmes gestes, les mêmes outils et le même procédé de fabrication : les morceaux de bois brut de la région arrivent à l'atelier et passent ensuite dans plusieurs machines, qui datent des années 10, pour être façonnés. En fin de parcours, les mains expertes d'Alain ou Pierre Marchand terminent minutieusement le travail.

La demande actuelle est anecdotique (1 500 paires par an), mais la famille tient tout de même à préserver ce savoir-faire et ce patrimoine local en partageant le processus de fabrication avec les visiteurs intéressés. Bien sûr, elle fournit également les danseurs folkloriques de la région. Les claques, les sabots de danse, sont réalisés en bouleau, un bois tendre et facile à travailler, qui assure une légèreté et une bonne résistance lorsqu'il est sec. Couverts ou demi-couverts, surmontés d'une lanière de cuir, vernis ou décorés de motifs, les sabots peuvent être utiles ou bien décoratifs.

Après une démonstration de fabrication, vous ne pourrez pas passer à côté du plus grand sabot du monde exposé juste à côté de la boutique. Fabriqué directement dans un impressionnant tronc de séquoia de 20 mètres, il fait la fierté de la famille Marchand, ses créateurs.

Adresse Le Meix Garnier, 58230 Gouloux, www.saboterie-marchand.com | **Accès** Depuis l'A38, sortez à Pouilly-en-Auxois et suivez Saulieu. Dirigez-vous ensuite vers Saint-Brisson, puis Gouloux | **Horaires d'ouverture** Tous les jours de 9 h à 12 h et de 14 h à 19 h. Fermé d'octobre à janvier | **À savoir** À la sortie du village se trouve le saut du Gouloux, une très jolie cascade cachée au milieu des bois. À ses côtés, les vestiges de deux anciens moulins.

39 Le musée de la Tuilerie des Granges

Et le temps s'est arrêté

La vie s'écoule paisiblement le long du canal de Bourgogne. Il n'a pourtant pas toujours été aussi calme et serein. Il y a encore 60 ans, il était le théâtre d'activités florissantes. Malheureusement, les industries ont vite décliné pour ne laisser que des friches et un patrimoine riche, mais oublié.

La tuilerie des Granges en est un parfait exemple. L'aventure a commencé en 1880 avec la famille Sébillotte, qui s'est installée le long du canal à proximité d'un filon d'argile pour y produire tuiles, tomettes et briques. Elle a employé jusqu'à 50 personnes, assurant un rendement incroyable : une péniche de 300 tonnes partait toutes les semaines pour approvisionner les chantiers de Paris. Deux jours de chargement à la brouette étaient nécessaires pour la remplir ! L'affaire est reprise en 1963 par la famille Laurent, mais le secteur devient de plus en plus concurrentiel et l'arrivée de nouveaux matériaux comme la tuile béton ou le placoplâtre signe l'arrêt net de la production. La région, qui dénombrait plus de 20 tuileries dans les années 50, n'en compte plus qu'une aujourd'hui.

Une poignée de bénévoles, dont François Laurent, le dernier propriétaire des lieux, se mobilise pour faire revivre ce qu'il reste de la tuilerie et présenter leur savoir-faire aux bienheureux qui passeraient par le petit village. Le site a changé, mais la grande cheminée de 30 mètres construite en 1902 est encore bien présente ! À l'intérieur des bâtiments, on découvre les anciennes presses à tuiles et à tomettes, un tour de potier, des outils, des machines en tout genre et surtout l'ancien four, où les tuiles cuisaient pendant une semaine. La visite est enrichissante et plonge dans une époque révolue, qui rappellera peut-être de beaux souvenirs à certains. La collection de tuiles et de briques estampillées vous fera voyager à travers la France et le monde.

Adresse Les Granges sous Grignon, 21150 Grignon | Accès Depuis Vitteaux, prenez la D 905 en direction de Venarey-les-Laumes. Suivez Semur-en-Auxois, via la D 954, puis Grignon | Horaires d'ouverture D'avril à fin octobre, tous les jours sauf le dimanche. Visites guidées possibles sur réservation | À savoir À quelques kilomètres se situent les vestiges de la ville gallo-romaine d'Alésia et son MuséoParc, plus bas dans la vallée (1 route des Trois-Ormeaux, 21150 Alise-Sainte-Reine).

40_Les pavillons Fillod

Ode au métal

Une chose est sûre, ces baraques-là, vous ne les verrez nulle part ailleurs ! Tout simplement puisqu'il s'agit des dernières, cinq rescapées d'une époque révolue, mais pas si ancienne. Ces pavillons sont l'œuvre peu ordinaire de Ferdinand Fillod, un ingénieur venu de Saint-Amour dans le Jura. Chaudronnier de formation, il a créé, à son retour de guerre, la manufacture de tôlerie Ferdinand Fillod, qui fabriquait du matériel agricole galvanisé. Par la suite, il s'est spécialisé dans la construction de baraques métalliques de chantier. Son approche du travail du métal était radicalement nouvelle, ce qui lui permit très vite de mettre au point une méthode d'édification propre qu'il fit breveter en 1928. S'ensuivirent des années de recherches et d'améliorations pour mettre au point ces étonnantes bicoques. La société a réalisé de nombreux bâtiments métalliques préfabriqués dans le monde entier : casernes, écoles, hôpitaux, réfectoires, villas… et même une église ! Certaines maisons en pièces détachées pouvaient, selon la notice, se monter en 2 heures seulement.

Dans les années 30, la demande en acier inoxydable a explosé : l'activité des forges de Gueugnon a alors nécessité de plus en plus de main-d'œuvre et a attiré des ouvriers des quatre coins de la France. Des baraques Fillod ont alors été installées en urgence pour répondre à une crise temporaire du logement. Pendant la Seconde Guerre mondiale, elles ont même servi de prison pour des soldats allemands. Témoins de l'histoire industrielle et sociale de la ville, elles sont les seuls exemples de hangars protégés au titre des monuments historiques. Aujourd'hui, elles font de la résistance au milieu d'un quartier pavillonnaire : leur usage est polyvalent et sert à des associations ou à des clubs sportifs. Dans la même veine, non loin de là, le château d'Aux est entouré par un parc qui accueille des œuvres monumentales en inox. Conçues et réalisées sur place par des artistes internationaux, ces créations sont uniques et hors norme.

Adresse 8 rue de la Paix, 71130 Gueugnon | Accès Depuis l'A 6, sortez à Chalon-Sud en direction de Montceau. Continuez sur la RCEA vers Gueugnon | À savoir Enfourchez votre vélo et rejoignez Digoin par la rigole de l'Arroux pour une balade bucolique de 13 kilomètres, ombragée et agréable au fil de l'eau.

41 La forêt du Millénaire

Sur les pas des moines de Cîteaux

L'une des visites incontournables de la Côte-d'Or est sans nul doute l'abbaye de Cîteaux. En 1098, un petit groupe d'hommes, aspirant à une vie simple et spirituelle, s'installa au sud de Dijon dans une région peu peuplée et une nature peu accueillante : le Val de Saône. Si les premiers temps furent difficiles, les moins cisterciens connurent, avec l'arrivée de Bernard de Clairvaux (dit saint Bernard), un miraculeux essor : la communauté essaima des abbayes « filles » dans toute la région. Bâtisseurs et travailleurs, les moines s'illustrèrent particulièrement dans la culture de la vigne. C'est notamment à eux que l'on doit le château du Clos de Vougeot et la renommée des vins de Bourgogne.

Les bois qui entourent l'abbaye et qui ont permis aux moines de développer leur communauté sont maintenant un formidable terrain de jeu pour les randonneurs et les amateurs de champignons ou de muguet… La forêt recèle de chemins pour se promener et profiter de sa fraîcheur. Mais un coin de verdure se démarque tout particulièrement : la forêt du Millénaire. À l'occasion du 900e anniversaire de la fondation de Cîteaux, 12 000 arbres de différentes essences ont été plantés sur une parcelle. Avec ses petits airs de Marais poitevin, le coin est agréable et dépaysant.

Ce brin de forêt est traversé par un cours d'eau, la Sansfond. Il s'agit là d'un canal de 11 kilomètres creusé par les moines de Cîteaux au XIIIe siècle pour alimenter le monastère. Il a fourni de l'eau potable pendant 8 siècles et a alimenté une dizaine de moulins. À Noiron-sous-Gevrey, les moines ont même construit un pont-aqueduc pour enjamber une autre rivière. Pour découvrir cet endroit, vous pouvez partir de l'abbaye, après une visite, en sillonnant le marais du Poulot ou en suivant le sentier de découverte bordant le canal jusqu'à Saulon-la-Chapelle. Vous rejoindrez la forêt du Millénaire, qui est aussi directement accessible depuis un parking.

Adresse D 25, 21110 Izeure | **Accès** Depuis Dijon, prenez la direction de Longvic, puis de Saulon-la-Rue par la D 996. Continuez vers Noiron-sous-Gevrey. À l'entrée de Corcelles-lès-Cîteaux, suivez Izeure par la D 25. Le parking pour accéder à la forêt se trouve avant Tarsul | **À savoir** Les journées des moines cisterciens, qui vivent toujours à l'abbaye, sont rythmées par la prière et le travail. Ils produisent et vendent un excellent fromage, le cîteaux, parfait en gratin ou sur un bout de pain frais.

42 Paldenshangpa La Boulaye

Un appel à la méditation

En quelques instants, et sans même prendre l'avion, vous voilà propulsé dans un lieu sacré du Tibet. À un détail près : les monts du Morvan ont remplacé les hautes montagnes de l'Himalaya. Le complexe Paldenshangpa La Boulaye, aussi appelé le temple des Mille Bouddhas, a été construit dans les années 70 à l'initiative d'un couple de disciples français de Kalou Rinpoché, un lama tibétain. Avec un petit groupe de bénévoles, ils se sont attelés à faire sortir de terre un centre d'études et de méditation, puis un temple bouddhiste quelques années plus tard.

L'édifice religieux se fait vite remarquer au milieu de la verdure : débordant de couleurs et de symboles, le temple transporte dès les premiers instants vers un autre monde, une nouvelle culture. Le porche monumental annonce tout de suite la couleur : vous êtes accueilli par des bas-reliefs à l'effigie de divinités bouddhistes, de dragons ou de bouddhas. Un petit chemin vous guide dans ce lieu où règnent calme et sérénité. Le temple, dont l'architecture est basée sur celle du monastère de Samyé, un des plus anciens du Tibet, est le tout premier de ce genre en Europe. Il est construit sur trois étages, qui symbolisent le corps, la parole et l'esprit du Bouddha. À l'intérieur, une atmosphère toute particulière règne. Trois statues monumentales baignent dans des teintes chatoyantes : une représentation de Bouddha de 7 mètres de hauteur, une de Tara, déesse bouddhiste de l'amour, de la bienveillance et de la protection – c'est la mère de Bouddha –, et une de Gourou Rinpoché, maître du VIIIe siècle, considéré comme le fondateur du bouddhisme tibétain.

Dehors, une grande esplanade est entourée de 36 petits stupas, des représentations symboliques du Bouddha, d'une fontaine de Dzambala, déité apportant les richesses matérielles et spirituelles, et d'un moulin à prières. Il est possible de visiter certaines salles pour s'imprégner de la force du lieu et même d'assister aux prières quotidiennes. À vous le grand voyage.

Adresse Château de Plaige, 71320 La Boulaye, paldenshangpalaboulaye.org | Accès Depuis l'A 6, prenez la sortie Chalon-Sud et suivez Montceau. Sortez à Saint-Eusèbe et prenez la direction de Toulon-sur-Arroux. Dirigez-vous enfin vers Étang-sur-Arroux. Au niveau du lieu-dit La Boulaye, suivez « Temple bouddhiste de la Boulaye » | Horaires d'ouverture Tous les jours de 14 h à 17 h 30. En juillet et août de 10 h 30 à 12 h et de 14 h à 17 h 30 | À savoir Pour un hébergement hors du commun, rendez-vous au Domaine de la Pierre Ronde : les maisons sous terre sont inspirées de l'univers du *Seigneur des anneaux* (21210 Saint-Martin-de-la-Mer).

43 La Roseraie des villages de France

Mignonne, allons voir si la rose

En 1999, à l'aube du XXIe siècle, la mairesse de La Celle-en-Morvan a pris l'initiative de transformer un terrain, jusqu'alors délaissé par la commune, en un jardin étonnant. Elle n'a pas réfléchi longtemps pour décider à quoi dédier cette zone prénommée « le champ rosé » ! Francette Guibourt a alors lancé un appel à tous les maires de France en leur demandant d'envoyer un échantillon de leurs rosiers. Finalement, ce sont plus de 230 communes de tout l'Hexagone, un rosiériste du Maine-et-Loire et des particuliers qui ont joué le jeu, envoyant ainsi près de 1 000 rosiers. Un chantier d'insertion a ensuite pris le relais et a œuvré pendant plus de 18 mois pour revaloriser l'endroit et planter les fleurs dans une belle harmonie.

La Roseraie des villages de France est un condensé des plus belles roses que l'on peut trouver en France. Étendu sur 6 000 mètres carrés, le jardin est une ode à la beauté et à la délicatesse. Au fil des saisons, les allées se parent de couleurs vives et de nuances pastel. De doux effluves viennent chatouiller vos narines et éveiller vos sens. La friche, autrefois marécageuse, est devenue une magnifique roseraie parée d'un millier de pieds, d'une centaine de vivaces et de plantes aromatiques. Laissez-vous aller à la flânerie près des jets d'eau et des espaces ombragés. Des jeux sont prévus pour les enfants : une marelle, un jeu d'échecs géant et un labyrinthe de verdure. Pour les plus grands, des parcours thématiques ont été imaginés – l'un consacré aux peintres, un autre aux écrivains… Deux des parcours sont édités en braille, et un massif est spécifiquement conçu pour les personnes aveugles ou malvoyantes.

Tous les ans au mois de mai, la roseraie s'anime durant un week-end à l'occasion de la fête Art et Fleurs en Morvan. Le lieu est investi par un grand marché aux fleurs et aux plantes rares, et de nombreux artisans d'art viennent y exposer et vendre leurs créations.

Adresse 71400 La Celle-en-Morvan | **Accès** Depuis Chalon-sur-Saône, prenez la direction de Châtenoy-le-Royal, puis d'Autun. Dirigez-vous ensuite vers La Celle-en-Morvan et sa mairie | **Horaires d'ouverture** Toute l'année, du lever au coucher du soleil | **À savoir** À quelques kilomètres de là, à Autun, vous pouvez visiter une fabrique de parapluies : la manufacture Neyrat (19 rue de l'Arquebuse, 71400 Autun).

44 La maison du nain

Une mystérieuse maisonnette

Sur plusieurs centaines de kilomètres, la Loire partage ses eaux entre les départements de la Nièvre et du Cher. En suivant son lit, vous rencontrerez la petite ville de La Charité-sur-Loire, une belle endormie. Il y a 900 ans, durant la grande époque clunisienne, l'église Notre-Dame-de-la-Charité était la deuxième plus grande église de France après celle de Cluny. Pas moins de 200 moines y vivaient, cloîtrés au sein du prieuré. Aujourd'hui, l'église que l'on peut découvrir – pourtant impressionnante – n'est qu'une infime partie de l'ancien bâtiment. Le temps n'a pas été tendre avec elle : brûlée, martyrisée, puis vendue lors de la Révolution, elle a connu bien des tourments.

Ouverte au public, l'église dévoile petit à petit ses multiples secrets, comme ses vitraux modernes représentant l'incendie colossal de 1559 ou son tympan, rapatrié dans l'église qui risquait d'être détruit sous les coups de marteau d'un forcené. Mais pas le temps de s'attarder, la visite est encore longue et le plus insolite reste à venir. À l'extérieur, blottie contre l'église, cachée entre deux nefs, une maison miniature en pierre et coiffée d'ardoise surprend les visiteurs. Ses petites ouvertures et sa porte d'entrée en bois donnent envie de toquer pour pénétrer dans un conte de Perrault. La légende raconte qu'au Moyen Âge, un nain se serait présenté auprès des moines pour demander la charité. À la place, ils lui auraient proposé de devenir fossoyeur de leur cimetière. Le bedeau aurait donc installé sa petite maison au pied de l'église.

La vérité est tout autre et, il faut l'avouer, moins enchanteresse : à la Révolution, le prieuré a été vendu et l'arrière-cour est devenue un jardin privé. Un jardinier a été nommé pour l'entretenir et cette mignonne maisonnette ne serait que sa cabane à outils… Rien ne vous empêche malgré tout de continuer à croire la fable et à laisser vagabonder votre imagination.

Adresse Église Notre-Dame, 9 impasse Sainte-Croix, 58400 La Charité-sur-Loire | Accès Depuis l'A 77, sortez à La Charité-sur-Loire et engagez-vous dans le centre-ville | Horaires d'ouverture Visites guidées à réserver auprès de l'office de tourisme | À savoir Chaque été, La Charité-sur-Loire devient la cité du Mot et propose un large programme d'animations et d'expositions au cœur du prieuré.

45 Les voûtes de La Collancelle

La petite Amazonie

Le canal du Nivernais traverse les départements de l'Yonne et de la Nièvre sur 176 kilomètres et offre une parenthèse hors du temps. À bord de votre bateau (de location), vous profitez d'une balade superbe rythmée par les clapotis des flots et le chant des oiseaux sur le bord de la rive. Les paysages s'égrènent lentement, pour votre plus grand bonheur. Tout à coup, la pénombre s'installe et la température baisse brusquement : vous entrez dans un long tunnel dont on devine au loin le bout grâce à un petit point lumineux. Le temps écoulé vous paraît une éternité, mais vous arrivez enfin au bout. Vous voilà abasourdi ! Ébloui d'abord par la lumière retrouvée, puis par la beauté qui vous entoure. Une nature dense et luxuriante s'est emparée des lieux : elle grimpe le long des parois abruptes qui vous enserrent de chaque côté et retombent sur le dessus.

Cet endroit unique, qui paraît si sauvage, est en fait né de la main de l'homme. La construction du canal du Nivernais a été entreprise pour relier le bassin de la Seine au bassin de la Loire. Cet énorme chantier a débuté en 1784 avant d'être arrêté pendant la Révolution. Mais pour passer la montagne de La Collancelle, il a fallu ruser : trois tunnels successifs ont donc été creusés dans une roche très dure, le porphyre, afin de réaliser trois galeries de respectivement 758 mètres, 268 mètres et 212 mètres. Un ouvrage d'art exceptionnel qui a longtemps servi à faciliter l'acheminement de bois de chauffage vers Paris. Abandonnées au profit du chemin de fer, les voûtes restent aujourd'hui très confidentielles, empruntées par les quelques touristes et plaisanciers qui viennent apprécier le calme et la douceur de la région.

Pour en profiter, vous avez le choix : vous pouvez participer à une croisière et vous laisser bercer au fil de l'eau (et des commentaires) ou emprunter un bateau électrique sans permis et devenir le maître de votre embarcation !

Adresse 58800 La Collancelle | **Accès** Suivez la D 958, puis rejoignez l'étang de Baye | **À savoir** Sur le canal du Nivernais, à quelques kilomètres de là, vous ne pourrez passer à côté de l'écluse repeinte en rose de Gégé : arrêtez-vous pour prendre un verre ou manger une crêpe.

46_Le puits des Glénons

Dans les profondeurs

Oserez-vous descendre dans les entrailles de la Terre, à plus de 6 mètres de profondeur, en empruntant un sombre tunnel, équipé simplement d'un casque et d'une lampe ? Il ne s'agit pas là d'un nouvel *escape game* immersif ultraréaliste, mais bien du quotidien d'une centaine de mineurs de La Machine au XIXe siècle. Pendant plus de 200 ans, le charbon a été la principale ressource du village, entraînant le forage du sol et la création de plus de 80 puits pour en extraire la houille.

En 1974, à la fermeture du dernier puits, des mineurs ont souhaité reprendre le site afin de perpétuer la mémoire de leur métier et des ouvriers qui se sont succédé. L'exploitation du charbon dans la région, et plus précisément à La Machine, a entraîné la construction de plusieurs cités ouvrières et l'arrivée massive de centaines de « gueules noires ». Aujourd'hui, l'effervescence n'est plus, seuls quelques vestiges témoignent de cette ère industrielle : une immense structure métallique hors de terre (un chevalement de 25 mètres de haut) et certaines machines encore en fonctionnement. Après avoir rénové et sécurisé les lieux, d'anciens mineurs font dorénavant visiter le puits et sa galerie, coiffés d'un casque et munis d'une lampe de l'époque. L'immersion est totale grâce aux nombreuses anecdotes des guides. Le gouffre, creusé entre 1825 et 1827, a servi de puits d'exploitation, d'aération, de secours, puis de centre d'apprentissage aux futurs mineurs. Il nous transporte dans la sombre réalité des dures conditions de travail des mineurs, des femmes, des enfants et des animaux au fond du puits : l'obscurité, le bruit, la chaleur, la poussière…

En remontant des ténèbres, le passage par le musée situé quelques mètres plus loin est obligatoire : la vie quotidienne de la petite cité minière y est reconstituée et expliquée. Habits, loisirs, casse-croûte, drames, vie sociale… les objets et les photographies de l'époque permettent de retracer les différentes histoires de ces hommes et de ces femmes qui ont marqué la région.

Adresse 22b rue Paul-et-Auguste-Couture, 58260 La Machine | **Accès** Depuis Nevers, prenez la direction de Decize, puis de La Machine. Le musée se trouve sur l'avenue, le puits est situé à 600 mètres | **Horaires d'ouverture** De mars à octobre, le dimanche de 14 h à 18 h (durant la belle saison, tous les jours de 14 h à 19 h) | **À savoir** La ville tient son nom peu commun de la première machine d'extraction de charbon installée en 1689 par l'ingénieur belge Daniel Michel. Il s'agissait d'un manège en bois autour duquel tournait un cheval.

47_La station Bel-Air

Sur la route des vacances

« De toutes les routes de France, d'Europe, celle que j'préfère est celle qui conduit, en auto ou en auto-stop, vers les rivages du Midi. » Il y a un certain temps, Charles Trenet chantait les louanges des routes nationales qui traversaient l'Hexagone pour mener les plus chanceux sur leur lieu de vacances. Parmi ces routes célèbres figurait la route nationale 6, qui reliait Paris à l'Italie, via Lyon et la Savoie. Elle passait aussi par la Bourgogne en traversant le Morvan. Jusqu'à la création de l'autoroute, la RN 6 faisait partie des axes majeurs du pays. Et parmi les étapes incontournables de cet axe routier, outre les nombreux restaurants gastronomiques, il y avait la station Bel-Air, premier poste d'essence depuis Paris. Pendant longtemps, elle a été la station-service qui délivrait le plus fort litrage d'essence d'Europe. Pendant les grands départs, il fallait jusqu'à six personnes pour servir les automobilistes !

Bien qu'abandonnée, la station Bel-Air n'a aujourd'hui pas perdu de sa superbe ! Grâce à un club de passionnés d'automobiles de collection, le lieu revit lors de rassemblements exceptionnels. D'avril à octobre, chaque deuxième samedi du mois, des amoureux de voitures anciennes se réunissent à la station. La participation est gratuite et les amateurs de toute la France ne se font pas prier pour venir : ils ont la chance d'admirer de magnifiques bolides parfaitement entretenus. Le temps d'une journée, on remonte les années et on en prend plein les yeux.

Une jolie histoire est associée au mythe de la station : en 1887, un jeune Beaunois d'origine suisse, un certain Louis Chevrolet, travaillait dans un magasin de cycles. Il se fit remarquer par un milliardaire américain en réparant sa voiture. Ce dernier lui conseilla de venir faire fortune aux États-Unis. Suivant son conseil, Chevrolet quitta la France pour fonder sa propre marque de voiture en Amérique. Il se raconte que Louis Chevrolet fréquentait le site de Bel-Air dans sa jeunesse et aurait dédié son nom à l'une de ses mythiques voitures.

Adresse Aux Treilles, 21340 La Rochepot | **Accès** Au carrefour de la D 906 (ex RN 6) et de la D 111E (route de Cormot-Vauchignon) | **Horaires d'ouverture** Rassemblements tous les deuxièmes samedis du mois d'avril à octobre de 9 h 30 à 14 h | **À savoir** Continuez votre périple sur la RN 6 jusqu'à Chagny, où vous trouverez la station du Pont de Paris, classée monument historique.

48 Les carrières de la Lie

Fournisseuse officielle de sarcophages

Voilà un site aux multiples facettes. Discrètement implantées sur les hauteurs du Mâconnais, entourées par les vignes que l'on ne présente plus, les carrières de la Lie restent très confidentielles. Pourtant, ce haut lieu de l'extraction calcaire est connu depuis l'époque gallo-romaine.

Son exploitation a débuté au Ier siècle par l'Empire romain et a continué jusqu'à la fin du XIXe siècle. Jusqu'au Moyen Âge, les blocs calcaires servaient principalement pour la construction d'édifices de la région (chapelles, églises, maisons...), à la sculpture et à la fabrication de centaines de sarcophages. On peut d'ailleurs en admirer un à l'entrée de la carrière. Au XVIIIe siècle, des caves et de longs souterrains, suffisamment vastes pour que des femmes et des enfants puissent y vivre, avaient été creusés dans la roche. Celle que l'on surnommait la « grotte des curés » a permis à des prêtres réfractaires de se cacher au moment de la Révolution française. Les carrières de la Lie possèdent des caractéristiques uniques puisqu'elles réunissent à la fois une exploitation à ciel ouvert et une exploitation souterraine. De plus, elles font partie des plus importantes carrières de France par leur dimension : 300 mètres de long, 60 mètres de large et 20 mètres de profondeur.

La découverte du site se poursuit sur un sentier balisé en direction d'une tuilerie et d'un four gallo-romain reconstitué par les membres de l'association des Carrières de La Lie et le Groupement archéologique du Mâconnais. Étonnement, la végétation aux abords du chemin et de la carrière est de type méditerranéen, constituée de pins noirs et de nombreuses essences de feuillus. Mais la beauté des lieux se révèle réellement au printemps, lors de la floraison des orchidées sauvages. Quatorze espèces y sont recensées ! Les couleurs pétillent au milieu de la verdure, une mare reflète l'étonnant décor. La promenade se termine par un magnifique point de vue sur les vignes du Mâconnais et la majestueuse roche de Solutré.

Adresse Route des Pérelles, 71960 La Roche-Vineuse, www.les-carrieres-de-la-lie.com | **Accès** Depuis Mâcon, prenez la direction de Charnay-lès-Mâcon. Dirigez-vous ensuite vers La Roche-Vineuse et engagez-vous sur la route Lamartine. Suivez « Carrières de la Lie » | **À savoir** Au pied de la roche de Solutré, vous pourrez découvrir le musée de Préhistoire de Solutré, qui présente les différentes découvertes faites sur le site (chemin de la Roche, 71960 Solutré-Pouilly).

49_Le Petit Théâtre

Bas les masques

Impossible de parler de la ville du Creusot sans évoquer la famille Schneider ; elle l'a littéralement façonnée. Les deux frères, Adolphe et Eugène, sont arrivés en 1836 après avoir racheté la forge du Creusot, alors en faillite. En apportant de nombreuses innovations techniques et en diversifiant la production, ils ont réussi à la faire prospérer à nouveau. Et le moins que l'on puisse dire, c'est que la dynastie Schneider avait le sens aigu des affaires : c'étaient de redoutables industriels et des dirigeants intransigeants. La « mode » de l'époque était au paternalisme : les patrons riches et puissants construisaient écoles, hôpitaux, logements… pour attirer et contrôler leurs employés.

Mais les Schneider n'en oubliaient pas pour autant de soigner leur réputation. Pour cela, ils s'installèrent dans une résidence de prestige : le château de la Verrerie, ancienne manufacture royale des cristaux et émaux de la reine Marie-Antoinette. Ils rénovèrent les deux anciens fours à fusion emblématiques : l'un devint une chapelle protestante, l'autre un théâtre de style néoclassique pouvant accueillir des invités prestigieux. Princes, sultans, présidents… les plus grands notables y ont été invités par la famille.

Le Petit Théâtre est impressionnant, car tout en trompe-l'œil, donnant l'illusion de drapés sur les murs et de sculptures sur le bord de la coupole. On a même une sensation de hauteur ! L'illusion est parfaite. Typique du style XVIIIe, le théâtre emprunte les angelots et les fresques représentant les saisons au Petit Trianon à Versailles. Les colonnes, elles, sont creuses et métalliques, recouvertes de bois pour une acoustique impeccable.

Mais le vrai trésor se trouve dans les coulisses où les artistes se préparaient avant de monter sur scène. Juste en dessous des planches, on peut encore admirer la machinerie d'époque qui servait à animer la scène. Et tout autour, un vaste réseau souterrain permettait aux domestiques de travailler sans être vus.

Adresse Château de la Verrerie, 71200 Le Creusot, www.musee-homme-industrie.fr | Accès Depuis l'A 6, sortez à Chalon-Sud en direction de Montceau. Continuez vers Le Creusot, puis suivez « Château de la Verrerie » | Horaires d'ouverture Visites guidées uniquement, consulter le site internet | À savoir Après la visite du château de la Verrerie, détendez-vous au parc d'attractions des Combes, au nord de la ville. Vous aurez peut-être la chance de croiser la locomotive à vapeur 241P17, construite en 1949 par les établissements Schneider, et réhabilitée par une équipe de passionnés du chemin de fer (rue des Pyrénées, 71200 Le Creusot).

50 Le musée de l'Imprimerie

Au cœur d'une rédaction

Dans la petite ville aux 157 arcades, un musée s'illustre par la richesse de son histoire : celui de l'Imprimerie. Il s'agit d'un ancien atelier de rédaction en parfait état, avec les machines à écrire, les presses anciennes, les rotatives et le bureau du rédacteur en chef. Un saut dans le temps pour nous rappeler le fonctionnement des journaux il y a une centaine d'années.

Rendez-vous au 29 rue des Dodânes, là où s'est installée l'imprimerie du journal local *L'Indépendant* en 1878. Depuis, la rédaction n'a cessé de rapporter les faits divers de la région louhannaise. Deux guerres mondiales n'ont pas suffi à l'arrêter. Ici, pas de reconstitution : l'atelier est certes désaffecté, mais en parfait état de fonctionnement. En 1984, toute la rédaction a déménagé quelques mètres plus loin en laissant sur place les machines, devenues obsolètes pour l'époque. Une chance pour nous qui pouvons dorénavant découvrir le quotidien d'un journal du début du XXe siècle. *L'Indépendant* est un bihebdomadaire qui compte des milliers d'abonnés. On passe donc en revue les engins permettant de rédiger les articles, les rotatives imprimant tracts, affiches et menus, les tiroirs remplis de caractères typographiques… La famille Faisy, qui avait racheté le journal en 1910, avait même acquis cinq linotypes, d'immenses machines mécaniques équipées d'un clavier qui produisaient des lignes de caractères fondues en plomb. Elles permettaient ensuite de composer les pages du journal, ligne par ligne et non plus caractère par caractère. Un rendement « monstre » qui produisait jusqu'à 200 lignes par heure – contrairement à la méthode Gutenberg et ses 50 lignes par heure.

Ce musée-atelier est aussi l'occasion pour petits et grands de s'essayer aux différentes techniques d'impression en manipulant machines et caractères pour repartir avec son affichette. Des animations spéciales ont souvent lieu les lundis, jour de l'incontournable marché de Louhans, le plus célèbre et réputé de la Bresse.

Adresse 29 rue des Dodânes, 71500 Louhans | **Accès** Depuis l'A 6, sortez à Tournus, puis prenez la D 975 en direction de Louhans. À la sortie de Cuisery, suivez la D 971 vers Louhans | **Horaires d'ouverture** Le lundi, le mercredi, le jeudi, le vendredi et le samedi de 14 h à 18 h. Fermé en janvier et février | **À savoir** À Cuisery, le Centre Eden est une bonne idée pour se familiariser avec la nature et la préservation de l'environnement (126 rue de l'Église, 71290 Cuisery).

51 La maison de bois

Une vieille dame du XVe siècle

Impossible de passer à côté : cette éminente demeure sait se faire remarquer au milieu des constructions contemporaines en pierre et en béton. La maison de bois peut se targuer d'être la plus ancienne de la ville de Mâcon : elle aurait été édifiée entre 1490 et 1510, même si un incendie l'a entièrement ravagée au XVIIe siècle. Heureusement, ses trois étages ont été reconstruits, cette fois avec un parement plutôt original, puisqu'en chêne, subtilement décoré pour attirer l'œil des passants. Cette fantaisie un peu particulière n'était pas du goût de tout le monde ! Les frères Goncourt la comparèrent, dans leur nouvelle *La Marchande de Mâcon*, à une « gigantesque façade de bahut » que les Mâconnais ne devraient regarder que d'un œil distrait.

Mais qu'a fait cette fameuse maison de bois pour mériter la comparaison avec un buffet ? Après l'incendie, le propriétaire, un marchand de vin, habilla la façade de l'immeuble d'un décor que l'on peut qualifier de grivois, voire d'obscène. Approchez-vous et admirez ce fin travail : vous pourrez reconnaître ici et là des hommes ou des femmes entièrement nus, parfois ailés, qui entament une ronde endiablée. S'ensuivent des postures grotesques et des grimaces dignes de clowns. Au centre : des dragons, des griffons, des licornes ou d'autres animaux plus familiers, comme un aigle ou un bélier. De quoi, apparemment, choquer les mœurs de l'époque – ou les esprits les plus pudibonds. Certains historiens préfèrent y voir un bréviaire alchimique : derrière ce folklore libertin se cacheraient des symboles de cette science hermétique ancienne – le chêne que l'on peut y voir est l'arbre sacré par excellence. Un homme, genoux fléchis, serait la figure de l'humilité de l'alchimiste. Le serpent qui se mord la queue incarnerait le temps et les cycles de la vie. Et les dragons symboliseraient le soufre et le mercure. Mais tout ceci reste bien mystérieux aujourd'hui encore.

La façade, entièrement restaurée, s'admire depuis la rue. Et si un petit creux vous prend, la maison de bois abrite un restaurant.

Adresse 13 place aux Herbes, 71000 Mâcon, www.maison-de-bois.fr | **Accès** Sur l'A 40, sortie Mâcon-Centre | **À savoir** Profitez d'être à Mâcon pour parcourir la ville et découvrir une autre de ses curiosités : les traboules, ces petits passages couverts qui traversent certains immeubles.

52_Le trou du Diable

Une journée en enfer

Le mystère règne autour de ce petit village au nom plus qu'équivoque. Il faut dire que les légendes sont nombreuses et que les habitants aiment les cultiver. Pour preuve, jusqu'à peu, la bourgade comptabilisait exactement 666 habitants, le chiffre du Diable…

Mais les mythes autour de cet intrigant village ne s'arrêtent pas là. Il y a fort longtemps, une jeune fille blonde se prénommait Mâlain et était aimée de tous. Un jour, elle se fit enlever par un homme sombre à l'« aura rougeâtre » et emmener dans une grotte située sur les hauteurs du petit village. On ne la revit jamais. Depuis ce temps, on soupçonne le trou d'être la porte des Enfers, un gouffre menant tout droit au Diable… Pour d'autres, ce trou serait le lieu où Aloïs, jeune Gaulois, aurait assisté à l'enlèvement de Proserpine par Pluton, le dieu des Enfers. Les archéologues qui ont osé s'y aventurer ont retrouvé des ossements humains, des céramiques et des vases datant d'environ 5 700 ans. L'occupation des lieux remonte donc à l'époque gallo-romaine : la commune constituait alors un important nœud routier. On y découvre un château du XIe siècle surplombant la butte, aujourd'hui en ruine, mais entretenu par des bénévoles. Il est considéré comme maudit, puisque construit juste au-dessus de la crevasse…

Mâlain est surtout réputé pour ses procès en sorcellerie. Vers 1640, des accusateurs pointèrent du doigt plusieurs habitants accusés de magie noire et de participation à des rites sataniques. À l'époque, les accusés subissaient le supplice de l'eau : ils étaient jetés attachés par les pouces et les orteils dans une rivière. Ceux qui coulaient à pic étaient déclarés innocents, puisque dépourvus de pouvoirs surnaturels. Les pauvres qui arrivaient à remonter à la surface étaient jugés coupables et condamnés à mort dans d'atroces souffrances. Le paisible village garde en mémoire ce lourd passé, mais possède un charme ensorcelant. Ses secrets sont encore nombreux et ne demandent qu'à être découverts.

Adresse Rue du Four, 21410 Mâlain | **Accès** Depuis l'A 38, prenez la sortie vers Pont de Pany, puis suivez Mâlain. Au pied du château, suivez la Traversée des 5 Vallées | **Horaires d'ouverture** Château : en été du mercredi au dimanche de 14 h à 18 h | **À savoir** Tous les 2 ans, les habitants de Mâlain organisent la Foire des sorcières, un événement immersif à ne surtout pas manquer.

53_La maison aux Mille Truffes

L'or noir de Bourgogne

Sur les hauteurs de Nuits-Saint-Georges, il n'y a pas que le raisin qui fait tourner les têtes, il y a aussi les champignons ! Mais attention, pas n'importe lesquels : la star des sous-bois ici n'est autre que la célèbre truffe de Bourgogne, dont certaines pépites se négocient à plusieurs milliers d'euros sur les marchés.

Si l'on connaît davantage la truffe noire du Périgord (*Tuber melanosporum*), la truffe de Bourgogne (*Tuber uncinatum*) n'a rien à lui envier ! Jusqu'à la Renaissance, c'était d'ailleurs la seule truffe servie à la table des rois de France. Aujourd'hui, on la reconnaît à sa peau noire, à sa chair d'un brun clair marquée de nervures blanches et à son irrésistible parfum de sous-bois et de noisette. Pour connaître tous les secrets de cet or noir, rien de tel qu'une visite à la maison aux Mille Truffes ! Spécialisée dans ce mets rare et fin, elle ouvre ses portes aux curieux et aux connaisseurs pour en expliquer les moindres subtilités. Vous serez accueilli par Thierry Bezeux, le propriétaire, et son fidèle compagnon à quatre pattes Julio, excellent chien truffier. En effet, ce n'est pas si simple de se mettre en quête de ce précieux champignon ! La truffe de Bourgogne se plaît à l'ombre des sous-bois parmi les noisetiers, les charmes et les pins noirs, et dans ce sol calcaire qui sied tant à la vigne également. Puisqu'elle se développe sous terre, au creux des racines, un odorat fin et entraîné est nécessaire : les chiens d'eau romagnols, une race d'origine italienne, sont parfaits pour cela !

Après un petit exposé complet et intéressant sur les différentes variétés de truffes et leurs caractéristiques, c'est parti pour une séance de cavage (soit de recherche) dans la forêt attenante. Fin gourmet et un brin coquin, Julio trouve très vite les truffes cachées par son maître et prouve son efficacité – et sa gloutonnerie. L'expérience se termine en beauté par une dégustation 100 % truffe, de l'apéritif au dessert.

Adresse La Chaume, 21700 Marey-lès-Fussey, www.truffedebourgogne.fr | **Accès** Depuis Dijon, dirigez-vous vers Beaune. Au niveau de Nuits-Saint-Georges, suivez Chaux et continuez en direction de Marey-lès-Fussey | **Horaires d'ouverture** De février à décembre, tous les jours sauf le mardi et le mercredi de 10 h à 17 h | **À savoir** Si vous passez par Dijon, la Boutique de la Truffe by l'Or des Valois propose une large gamme de produits : truffes fraîches, beurre à la truffe, truffes à l'alcool, moutarde à la truffe, produits apéritifs, etc. (5 rue Chaudronnerie, 21000 Dijon).

54 Le panorama du Bec d'Allier

À la confluence de deux fleuves sauvages

Si la Nièvre est un département enchanteur et sauvage, la Loire peut se vanter d'offrir un splendide spectacle à toute heure de la journée. Après tout, les couchers de soleil sur ses rives sont particulièrement magnifiques. Mais un paysage va finir de vous convaincre en vous transportant à des milliers de kilomètres, loin des panoramas français.

À quelques encablures de Nevers, la Loire rencontre un autre cours d'eau tout aussi rebelle et indomptable, l'Allier. Ce croisement offre un tableau étonnant, digne de l'Amazonie, où les eaux sillonnent et s'entremêlent entre bancs de sable, filets de petits graviers et végétation dense. Formidable refuge pour bon nombre d'animaux et de plantes, le site est classé par le Fond mondial pour la nature (WWF). Pour en profiter autrement, il faut prendre un peu de hauteur et se rendre au panorama du Bec d'Allier où un belvédère a été aménagé pour pouvoir profiter au mieux de la vue. Lorsqu'elle est dégagée, elle est époustouflante. Juste en face, on aperçoit le Cher et ses petits ports de plaisance, où les gourmands pourront goûter la spécialité du coin : la matelote d'anguilles (de la Loire évidemment !) Pour les amoureux de la nature qui voudraient découvrir le site d'encore plus près, la région a aménagé un chemin, le sentier du Passeur, référence au passeur qui faisait autrefois traverser les gens d'une rive à l'autre. En suivant un chemin balisé et agrémenté de panneaux pédagogiques, vous explorerez différents milieux naturels – forêts alluviales, grèves, prairies, falaises d'érosion… – et partirez à la recherche des animaux peuplant les abords : castors, guêpiers d'Europe, hirondelles de rivage…

Pour changer de département et vous retrouver sur l'autre rive, empruntez le pont-canal du Guétin, un ouvrage impressionnant (l'un des plus grands de France) avec ses 18 arches de 16 mètres. À son extrémité, une double écluse permet de faire circuler les péniches.

Adresse 52 rue Côte-de-Conflans, 58180 Marzy | **Accès** Depuis Nevers, suivez Marzy, puis « Panorama du Bec d'Allier » | **À savoir** Pour admirer des fleurs et arbres venus du monde entier, rendez-vous dans l'un des plus beaux parcs floraux de France à Apremont-sur-Allier.

55_La fontaine de Jouvence

Une balade pour rajeunir

Il se dit que son eau porte bonheur. On raconte même qu'elle ferait rajeunir ! La source de Jouvence intrigue et fascine depuis des centaines d'années. Fréquenté dès le Moyen Âge par les habitants des environs, ce petit cours d'eau aurait été visité par Philippe II de Bourgogne (dit le Hardi), qui venait s'y rafraîchir au cours de ses parties de chasse. Au début des années 1900, c'est grâce à un tacot à vapeur que les Dijonnais s'y retrouvaient avec joie pour organiser bals et autres réjouissances.

Cette fontaine a attisé votre curiosité ? À votre tour de vous enfoncer dans la forêt pour une jolie balade sur les traces du duc de Bourgogne. Accessible à tous, à pied, à VTT ou même à cheval, le chemin qui mène à la fontaine est agréable et pittoresque. Vous voilà loin de toute effervescence pour un beau moment de détente et de randonnée. La fontaine de Jouvence s'offre à vous au détour d'une clairière. L'eau cristalline entame sa descente depuis une petite grotte arborée et se précipite dans un réservoir, puis dans un tunnel construit par l'homme. On la retrouve ensuite quelques mètres plus bas sous la forme d'une cascade aménagée. Cette eau pourrait, paraît-il, faire rajeunir de 10 ans. Rien que ça ! Un peu plus loin, un filet s'échappe d'une cavité : il s'agit de la source de Baise-ma-Mie. L'eau de cette fontaine promet de rapprocher les amants et de réconcilier les cœurs – si toutefois ils la dégustent dans le même gobelet. Que de promesses pour une simple balade en forêt !

Le parcours continue doucement le long du Suzon et entame une ascension pour rejoindre des balcons, lesquels offrent une vue fantastique sur l'immense forêt qui étreint les environs. Le chemin s'engouffre ensuite vers un éperon rocheux austère et intrigant, la Roche-Château. Autrefois, ce rocher était la partie la plus avancée d'un camp préhistorique fortifié qui donnait sur toute la vallée. Un itinéraire ressourçant et dépaysant qui, s'il ne vous fait pas rajeunir, vous aura fait découvrir de beaux paysages !

Adresse 21380 Messigny-et-Vantoux | Accès Sortez de Messigny-et-Vantoux par la D 7 en direction de Val-Suzon, puis prenez la D 104 vers Étaules et Darois, un parking se trouvera sur votre droite | À savoir Après la balade, vous avez mérité une pause gourmande à l'Auberge des Tilleuls à Messigny-et-Vantoux (8 place de l'Église, 21380 Messigny-et-Vantoux).

56_Le musée Buffon

Sur les traces de Buffon

Dans toute la France, nombreuses sont les rues qui portent le nom de Buffon. Elles font référence à Georges Louis Leclerc, comte de Buffon, qui a marqué son temps par ses travaux et ses recherches scientifiques : il écrivit une série d'ouvrages, dans lesquels il répertoria de nombreuses espèces animales et végétales dans une tentative de vulgarisation des sciences. Si le comte a passé la majeure partie de sa vie à Paris – il était une figure importante des Lumières –, il est toujours resté fidèle à Montbard, la ville qui l'a vu naître en 1707. Il s'y est notamment installé pour mener ses travaux de naturaliste et étudier l'activité des forges.

À Montbard, Georges Louis Leclerc entreprit la transformation de l'ancien château des ducs de Bourgogne pour y aménager son lieu de travail. Il installa son cabinet de recherches dans la cour, une bibliothèque dans la tour Saint-Louis et reconvertit l'intérieur des remparts en terrasses. Autant de lieux et d'endroits chargés d'histoire qui peuvent aujourd'hui être visités. Devenu le parc Buffon, le site surplombe la ville et offre un splendide panorama sur la vallée de la Brenne et le canal de Bourgogne. La vue est encore plus belle du haut de la tour de l'Aubespin de 46 mètres, vestige du XIVe siècle.

L'hôtel particulier que Buffon fit construire en contrebas accueille aujourd'hui un musée dédié à son œuvre et à celle de Louis Jean-Marie Daubenton, son plus proche collaborateur né également à Montbard. Celui-ci devint par la suite le premier directeur du Muséum d'histoire naturelle de Paris. À travers des expositions permanentes, des objets scientifiques, des œuvres d'art et des animaux naturalisés, le musée ouvre une porte sur l'univers scientifique et artistique des auteurs du chef-d'œuvre en 36 volumes *Histoire naturelle générale et particulière*. Les visiteurs les plus joueurs seront également tentés de résoudre l'énigme du manuscrit secret dans le cabinet de travail de Buffon, aménagé en escape game pour l'occasion.

Adresse Rue du Parc-Buffon, 21500 Montbard, www.musee-parc-buffon.fr | **Accès** Depuis l'A 38, sortez en direction de Montbard. Suivez « Musée et Parc Buffon » à partir du centre-ville | **Horaires d'ouverture** D'octobre à mars, du mercredi au vendredi de 14 h à 17 h, le samedi et le dimanche de 10 h à 12 h et de 14 h à 17 h ; d'avril à septembre, tous les jours sauf le mardi de 10 h à 12 h et de 14 h à 18 h | **À savoir** Une visite supplémentaire à prévoir : l'abbaye de Moutiers-Saint-Jean, considérée comme la plus ancienne abbaye de Bourgogne, dotée d'un jardin et d'une apothicairerie (1 place de l'Abbaye, 21500 Moutiers-Saint-Jean).

57 La manufacture Perrin

Au cœur de la tradition bonnetière française

Vous êtes-vous déjà demandé comment étaient fabriquées vos chaussettes ? Beaucoup de nos chaussettes sont fabriquées à l'autre bout du globe, mais, heureusement, d'irréductibles passionnés perpétuent le savoir-faire français en Saône-et-Loire ! Ainsi, la manufacture Perrin est la dernière entreprise familiale spécialisée dans la fabrication de chaussettes et de collants 100 % « made in France ».

Fondée en 1924 par Francis Perrin, l'entreprise a vu se succéder à sa tête quatre générations, qui ont perpétué ce savoir-faire qui fait sa renommée partout en France. En plus de ses quatre marques dédiées, la manufacture travaille pour de grandes enseignes françaises, parfois de luxe. La visite commence bien entendu par les prémices de cette épopée : la conception d'une chaussette. Ce ne sont pas moins de 5 000 paires de collants ou de chaussettes qui sont produites à la manufacture par jour ! Et toutes sont forcément passées par le bureau de création chargé d'imaginer et de concevoir les 50 à 100 modèles qui constituent une collection. Sachant qu'il y en a deux nouveaux par an, il ne faut pas manquer d'idées ! Lors de votre venue, vous aurez peut-être la chance de découvrir en avant-première les prochains designs… La visite se poursuit dans l'usine de fabrication, à la découverte des ateliers et des différents pôles. Bien que les machines soient majoritaires, le rôle des femmes et des hommes de l'entreprise est capital : il faut un véritable œil et une certaine dextérité pour maîtriser sa tâche. Fabrication, finitions, reprises, contrôle qualité, repassage, envoi des commandes… les étapes sont nombreuses et précises avant que les chaussettes n'arrivent au bout de vos pieds. Vous ne les regarderez plus sous le même angle après cela !

Votre incursion dans l'univers de la bonneterie se termine par le magasin d'usine, une grande chapelle dédiée au savoir-faire français. Vous repartirez forcément avec une paire de chaussettes « made in Montceau » et des souvenirs plein les baskets.

Adresse 10 rue de Verdun, 71300 Montceau-les-Mines, manufacture-perrin.com | Accès Depuis l'A 6, sortez à Chalon-sud, puis prenez la direction de Montceau. Dirigez-vous vers le centre-ville, puis suivez « Manufacture Perrin » | Horaires d'ouverture Visite : le mercredi à 14 h 30 ou le vendredi à 10 h (sur rendez-vous auprès de l'office de tourisme). Boutique : le lundi de 14 h à 18 h 30 et du mardi au samedi de 9 h 30 à 12 h et de 14 h à 18 h 30 | À savoir À Montceau, passez également par l'usine Aillot, ancien lieu de fabrication de rouleaux compresseurs. Une vingtaine de camions des années 1941 à 1986 sont exposés (27 rue des Prés, 71300 Montceau-les-Mines).

58 La poterie de la Bâtisse

Des générations de potiers

Depuis sa création, l'atelier poterie de la Bâtisse a vu se succéder 51 potiers d'une même dynastie, la famille Cagnat, installée depuis plusieurs siècles dans la région. Premier symbole de cette longévité : le four couché. Il date de 1787 et est en parfait état. Aujourd'hui classé et protégé, il n'est plus utilisé, mais pouvait cuire jusqu'à 5 000 poteries en même temps ! Il ne fallait pas moins de 40 stères de bois pour l'alimenter pendant la semaine de cuisson, et la température y montait à 1 400 degrés.

Mais la poterie est loin d'être devenue un musée ou un lieu sclérosé par le temps, puisqu'elle reste avant tout un atelier de fabrication de céramiques et de faïences. Et si elle est toujours en activité et en effervescence, c'est grâce à deux potières passionnées, Anne-Sophie Leroy et Judith Homsy, qui ont fondé l'Association La Bâtisse. Sur place, elles prennent toujours plaisir à modeler leurs créations, même après des dizaines d'années de pratique. Leurs journées sont ponctuées par les visites des touristes, avec qui elles ne manquent pas de partager l'histoire de la maison, et la transmission de leur savoir-faire aux potiers en herbe. Les stagiaires s'y pressent pour apprendre les gestes ancestraux directement : le pétrissage de la terre, le tournage et l'émaillage. Si les futurs professionnels ont besoin de plusieurs mois pour se former, les ateliers et les stages découverte permettent aux amateurs de s'initier à l'art de la poterie en quelques heures et de, pourquoi pas, se découvrir une nouvelle passion. Il paraît qu'avoir les mains dans l'argile fait oublier tous les soucis…

Dans ce lieu paisible où l'écrivaine Colette aimait venir enfant, vous avez le droit de prendre votre temps. D'étudier chaque geste. De contempler chaque forme. D'observer chaque tour. Et de poser toutes les questions qui vous viennent à l'esprit. En repartant, n'oubliez pas de passer par la boutique où les deux créatrices vendent leurs collections.

Adresse 2b La Bâtisse, RD 85, 89520 Moutiers-en-Puisaye, poterie-batisse.com | Accès Depuis l'A 6, sortez à Tonnerre et suivez Nitry. Engagez-vous sur la D 49 en direction de Vermenton, puis Ouanne. Continuez jusqu'à Saint-Sauveur-en-Puisaye. La poterie se trouve à la sortie de la ville, direction Moutiers-en-Puisaye | Horaires d'ouverture De mai à septembre, du mardi au samedi de 10 h à 12 h et de 14 h à 18 h et le dimanche de 15 h à 18 h ; en juillet et août, le lundi de 15 h à 18 h | À savoir À Tannerre-en-Puisaye se trouve le site du Ferrier, le plus grand centre sidérurgique de la Gaule romaine. Ne manquez pas les différentes visites guidées et animations (22 rue Saint-Blaise, 89350 Tannerre-en-Puisaye).

59_Le musée de la Chirurgie

À cœur ouvert

Le sujet de la chirurgie est peu commun, pour ne pas dire unique ! L'idée de ce musée est venue d'une association de médecins passionnés, attachés à la sauvegarde et à la transmission du patrimoine médical. Après des années à sillonner l'Europe avec ses expositions itinérantes sur la chirurgie, l'association s'est dotée d'un espace permanent ouvert à tous et à nul autre pareil.

La visite guidée se fait en compagnie d'un spécialiste passionnant et vous embarque dans la fantastique aventure de la médecine et de la chirurgie à travers les âges. Attention : pas de sensationnalisme ou de voyeurisme ici ! Le respect du patient est une valeur primordiale pour l'équipe.

Le musée possède des collections en tout genre pour illustrer les différentes avancées de la science. On comprend ainsi clairement les étapes capitales qui ont permis de faire évoluer la chirurgie, des progrès qui ont tenu parfois à peu : de nouveaux outils, de nouvelles techniques ou simplement le nettoyage et la désinfection… À l'étage, de nombreux objets, parfois très anciens, permettent d'illustrer ces avancées prodigieuses. Que de changements depuis les premiers scalpels en silex ! Le musée expose aussi des pièces uniques ou rares que l'on n'a pas forcément l'habitude de contempler : une table d'opération en bois, les premiers appareils cœur-poumons artificiels ou encore des instruments chirurgicaux utilisés lors des premières expéditions françaises dans le pôle Sud. Une salle est même consacrée à l'anatomie, avec des pièces tout à fait fascinantes datant du XIXe siècle. Le sujet est captivant, puisqu'il est universel. Vous ne verrez pas le temps passer !

Dernier détail : le musée doit son nom au professeur Christian Cabrol, connu pour avoir réalisé la première transplantation cardiaque en Europe en 1968, à Paris. Ami et mécène du musée, il lui a légué nombre de ses outils et de ses documents.

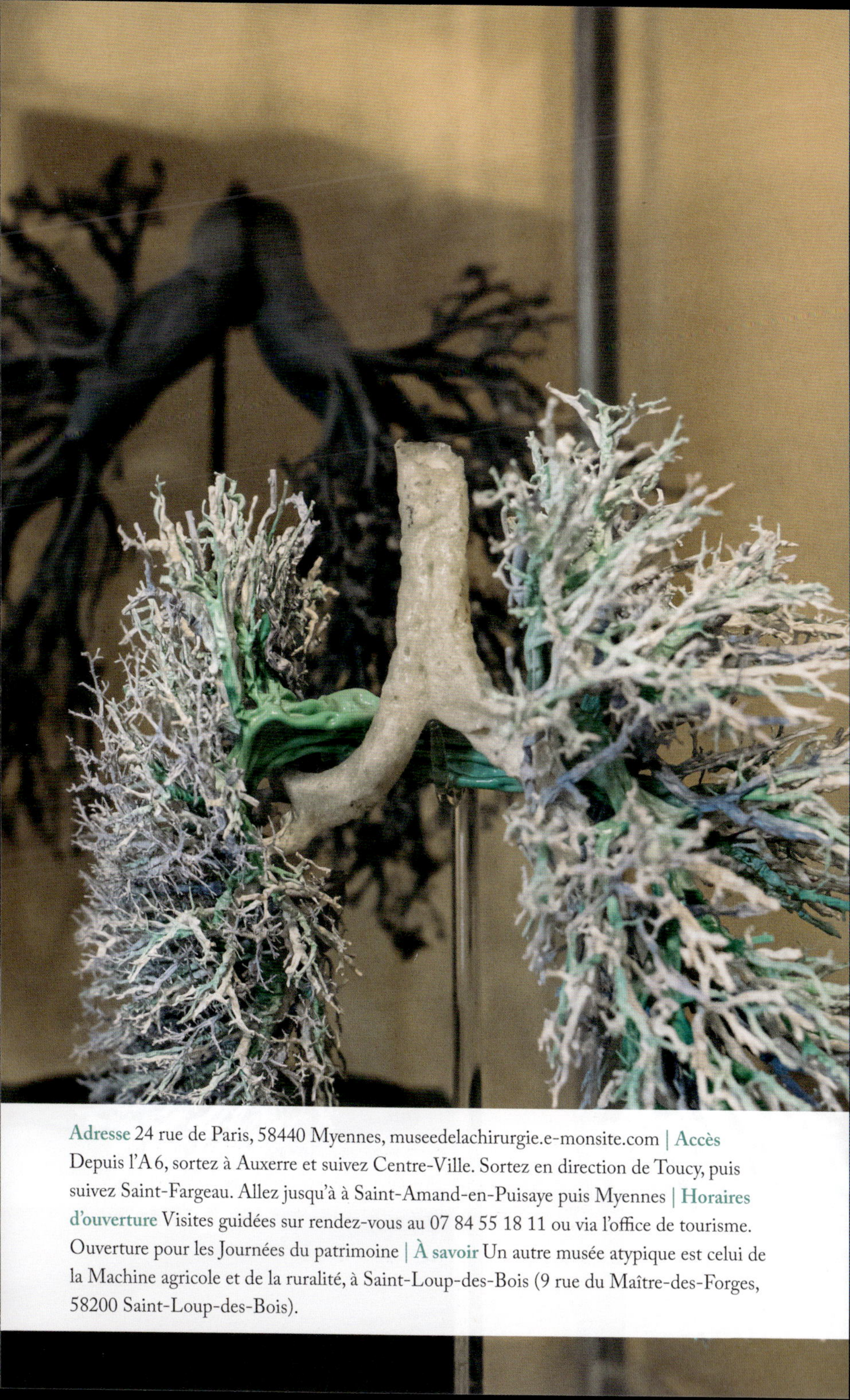

Adresse 24 rue de Paris, 58440 Myennes, museedelachirurgie.e-monsite.com | Accès Depuis l'A 6, sortez à Auxerre et suivez Centre-Ville. Sortez en direction de Toucy, puis suivez Saint-Fargeau. Allez jusqu'à à Saint-Amand-en-Puisaye puis Myennes | Horaires d'ouverture Visites guidées sur rendez-vous au 07 84 55 18 11 ou via l'office de tourisme. Ouverture pour les Journées du patrimoine | À savoir Un autre musée atypique est celui de la Machine agricole et de la ruralité, à Saint-Loup-des-Bois (9 rue du Maître-des-Forges, 58200 Saint-Loup-des-Bois).

60 L'art en campagne

Village d'artistes

L'art n'est pas réservé qu'aux grandes villes. Pour preuve : la petite commune de Nannay, dans la Nièvre. Entourée de forêts et de champs, elle s'illustre en la matière, et cette particularité ne date pas d'hier !

Pour fêter le passage au nouveau millénaire, Nannay s'est mariée, comme une trentaine d'autres communes de la région, à un artiste, donnant naissance à l'opération 32 + 32 = 2 000. On a donc vu fleurir les premières œuvres d'art au cœur du village. Devant le succès auprès des locaux, la commune a décidé de poursuivre l'initiative en invitant chaque année près d'une cinquantaine d'artistes à imaginer des créations uniques en lien avec le territoire de la commune et en collaboration avec les habitants. En résultent des œuvres pour le moins originales et totalement différentes qu'il est aujourd'hui possible de contempler autour de Nannay grâce à l'association Ni vu ! Ni connu ! et son parcours Le tour des grands buissons. Depuis la mairie, vous partez pour une balade poétique et enrichissante de 5 kilomètres à travers la nature pour vous imprégner des styles et des techniques de chaque artiste. Si certaines productions, volontairement éphémères, ont disparu, il en reste 25 à admirer. Un univers artistique engagé qui tranche avec le silence et la quiétude des environs. Pour comprendre chaque œuvre, n'oubliez pas de vous munir du catalogue de l'exposition, disponible à l'office de tourisme et à la mairie de Nannay, où tout est expliqué, ou de vous rendre sur le site internet nannay.fr.

Chaque année, au mois d'août, rendez-vous est donné aux âmes créatives et aux curieux. L'association en charge des œuvres d'art organise un festival, Les Conviviales de Nannay, autour de la création, du cinéma et de la ruralité. La commune s'anime alors et propose des projections de films documentaires et de fictions, de courts ou longs métrages, portant sur le thème de la ruralité. Les séances ou les conférences thématiques ont parfois lieu en extérieur, dans un jardin ou dans la forêt.

Adresse 58350 Nannay | Accès Depuis Nevers, prenez la direction de l'A 77 et suivez La Charité-sur-Loire. Sortez à La Charité et dirigez-vous vers Donzy via la N 151. Engagez-vous dans Nannay pour commencer la découverte | À savoir Passez une tête à La Forge des Affranchis, où Julien Rommel, artiste, sculpteur et musicien, s'est installé (8 route de Vézelay, 58350 Nannay).

61 Le musée nivernais de l'Éducation

Chic, c'est la rentrée !

Fini les vacances ! Enfilez votre blouse, prenez votre cartable, votre plume et votre encre, et vous voilà à nouveau sur les bancs de l'école. Mais pas n'importe lesquels : depuis plus de 30 ans, l'association des Amis du musée nivernais de l'Éducation récolte toutes sortes d'objets liés à l'école pour les exposer au public.

Le premier appel aux écoles de la région nivernaise a été lancé en 1988. L'association a alors récupéré cahiers, photos de classe, fournitures scolaires… Depuis, les dons continuent d'affluer. C'est notamment grâce à ces différentes trouvailles qu'une salle de classe typique du début du XXe siècle a pu être entièrement recréée – effet voyage dans le temps garanti ! Encriers, plumes, bouliers, fiches remplies de lettres cursives, cartes de l'Europe… On est immédiatement immergé dans une autre époque. Pour les plus jeunes, le musée de l'Éducation est un espace de découverte et de transmission, mais pour les anciennes générations, il est surtout l'occasion de se replonger dans leur enfance et d'évoquer certains souvenirs : la blouse, le certificat d'études, le système métrique, les kilomètres parcourus dans la neige, le poêle… Des odeurs, des matières, des outils pédagogiques parfois disparus que l'on prend plaisir à retrouver aujourd'hui.

Les autres pièces du musée permettent de continuer l'exploration dans le passé grâce aux différents instruments typiques. On retrouve d'anciens manuels, des jeux éducatifs, de vieux planisphères et même les indispensables de la récré. Les salles suivantes sont dédiées à l'apprentissage de la physique, de la chimie, du son et de l'informatique. De beaux spécimens, parfois en état de fonctionnement, nous rappellent la rapide évolution de la technologie ! Le musée peut aussi s'enorgueillir d'une cinémathèque de 1 200 films pédagogiques en 16 mm et d'une bibliothèque riche de plus de 15 000 ouvrages et manuels scolaires.

Adresse 54 boulevard Victor-Hugo, 58000 Nevers | **Accès** Depuis l'A 77, sortez à Coulanges-les-Nevers, puis suivez Nevers | **Horaires d'ouverture** Le lundi, le mardi, le jeudi et le vendredi de 14 h à 17 h, le mercredi de 9 h à 12 h et 14 h à 17 h et le premier dimanche du mois de 14 h à 18 h | **À savoir** Nevers est une ville de faïence : ne manquez pas le musée de la Faïence et des Beaux-Arts ainsi que ses différents faïenciers, comme la faïencerie Georges.

62 La cuverie des Ursulines

Une cathédrale du vin

La Bourgogne est une terre de traditions. Même dans les cuveries ultramodernes, les vignerons n'en oublient pas leurs racines et leur héritage. L'un des lieux les plus impressionnants de Nuits-Saint-Georges est sans nul doute la cuverie des Ursulines de Jean-Claude Boisset. Derrière cette prouesse architecturale se cache un riche passé auquel le bâtiment rend hommage.

Il faut remonter au XVIIe siècle pour comprendre les origines du lieu. En 1634, l'ordre de Sainte-Ursule décida de s'implanter à Nuits-Saint-Georges en achetant une modeste maison à l'extérieur des remparts. Fondé en 1535 en Italie, cet ordre religieux se consacrait à l'éducation des jeunes filles. Excellentes gestionnaires, les Ursulines se firent petit à petit une place dans la communauté, malgré les réticences de l'administration. En 1717, elles purent enfin construire un couvent sur les terres qu'elles avaient achetées. Jusqu'à la Révolution française, date à laquelle elles furent expropriées, elles aidèrent la population locale en instruisant les jeunes filles et en recueillant les femmes veuves ou isolées. À la suite de leur expulsion, leur domaine fut vendu. Plusieurs marchands de vin s'y succédèrent, jusqu'à Jean-Claude Boisset en 1983. De 2014 à 2018, il entreprit de transformer complètement les lieux en construisant une cuverie monumentale pour rendre à la fois hommage au travail du vin et à l'ancien couvent des ursulines, partiellement détruit.

Prolongement physique et spirituel du couvent, le bâtiment affiche des formes enveloppantes et généreuses qui s'intègrent parfaitement au paysage. Son dôme végétal rappelle les tuiles vernissées de Bourgogne. L'architecte en charge du projet s'est entouré d'un géobiologue pour imaginer une parfaite circulation des énergies et concevoir un cocon idéal où les grands crus s'épanouiraient. Les Ursulines révèlent bien des surprises, du paisible jardin aux caves voûtées, en passant par un somptueux vitrail.

Adresse 5 chemin des Plateaux, 21700 Nuits-Saint-Georges, www.jeanclaudeboisset.com | Accès Depuis Dijon, dirigez-vous vers Beaune. Au niveau de Nuits-Saint-Georges, suivez Chaux. Avant de quitter la ville, tournez à droite vers les Ursulines | Horaires d'ouverture Sur réservation uniquement, visite guidée et dégustation commentée pour des groupes | À savoir Pour déguster le vin de la famille Boisset dans un lieu inédit, rendez-vous à La Maison, à Vougeot, où l'ambiance se veut feutrée et chic (1 rue du Vieux-Château, 21640 Vougeot).

63 Les pas du dragon

Quand la légende rattrape la réalité

Au cours d'une balade sur les hauteurs de Nuits-Saint-Georges, vous remarquez d'étranges empreintes de pas le long d'un chemin : quatre traces de pattes, longues d'une soixantaine de centimètres et terminées par des griffes fines et courtes. Des marques plus qu'étranges qui n'appartiennent à aucun animal terrestre connu…

Ces mystérieux stigmates seraient-ils ceux du dragon malveillant vaincu par saint Georges, celui qui a donné son nom à la ville ? Il y a très longtemps, le valeureux chevalier chrétien Georges de Lydda était officier dans l'armée romaine. Un dragon effrayait alors la ville de Silène en Libye, exigeant qu'on lui donne tous les jours un enfant en sacrifice. Au bout de quelque temps, le tour de la fille du roi arriva. Mais ce jour coïncida heureusement avec l'arrivée de Georges de Lydda dans la ville. Au nom du Christ, il combattit la vile créature et la blessa grièvement. Il demanda ensuite à la jeune princesse d'enserrer le dragon avec une ceinture – une fois celui-ci devenu docile et doux, Georges l'acheva. Le héros connut cependant un destin tragique : il fut emprisonné, martyrisé puis décapité pour hérésie – mais canonisé sous le nom de saint Georges par l'Église. Au IVe siècle, Philibert de Mollans aurait rapporté à Nuits les reliques de son corps. Un clos de vignes de la paroisse aurait alors pris le nom de Saint-Georges, puis ce fut la ville tout entière.

Comme on peut s'en douter, ici s'arrête la légende. Les traces de dragon sont en réalité des pas de dinosaure, un dinosaure imaginé et fabriqué par un artiste, Peter Julian, qui partage sa vie entre Nuits-Saint-Georges, New York et Austin au Texas. Le fantasque créateur est fasciné depuis sa tendre enfance par ces reptiles d'un autre temps et a voulu marquer, à sa façon, la terre ancestrale de la région. Il a donc gravé sur quatre pierres des empreintes plus vraies que nature, en n'omettant cependant pas de leur ajouter deux yeux et un nez, qu'il faut apparemment admirer au clair de lune pour en apprécier le mystère…

Adresse 21600 Nuits-Saint-Georges | **Accès** Chemin des Grands-Crus situé à l'ouest de Nuits-Saint-Georges | **À savoir** Si vous souhaitez remonter encore un peu dans le temps, visitez Les Bolards, un site archéologique gallo-romain situé à Nuits-Saint-Georges (route de Quincey, 21700 Nuits-Saint-Georges).

64_Le cimetière franco-britannique

Un havre de paix en forêt

Du fait de son relief vallonné et de ses épaisses forêts, le Morvan fut une place forte de la Résistance française au cours de l'été 1944. Alors que la guerre se jouait sur tous les fronts et que la France était occupée, les maquisards profitèrent de cette végétation dense pour établir des refuges.

Fondé en 1943 par le capitaine Louis Aubin, le maquis Bernard, sur les hauteurs d'Ouroux-en-Morvan, est l'un des plus anciens et des plus importants de la région : en septembre 1944, il compta jusqu'à 1 200 hommes (deux bataillons), un bataillon de parachutistes SAS britanniques, un hôpital de campagne avec une antenne chirurgicale mobile (qui a opéré 93 blessés opérés), un terrain de parachutage pour personnel et matériel et une prison. Une véritable petite armée secrète, mais absolument redoutable ! Les maquisards étaient organisés et efficaces. Se jouait alors le destin stratégique de la région, qui fut libérée avant le reste de la Nièvre. Au cours des différents combats, des hommes et des femmes, français et étrangers, perdirent malheureusement la vie. Les officiers du maquis Bernard installèrent donc un cimetière militaire pour y recevoir les corps des combattants. Seul cimetière implanté en pleine forêt, il est devenu un lieu de mémoire et un symbole de résistance. Cette improbable cathédrale de verdure est un lieu solennel où le recueillement est de mise : 27 tombes sont entretenues en souvenir de tous les combattants morts pour la France.

Le Morvan compte une trentaine de maquis qu'il est aujourd'hui possible de visiter. On peut y admirer de nombreuses stèles en mémoire des combattants, comme à Chaumard. Des chemins de randonnée vous permettront de partir sur les traces de la Résistance. La commune d'Ouroux-en-Morvan propose une jolie balade au bord de son étang, sur des pontons, à la découverte des zones humides.

Adresse 58230 Ouroux-en-Morvan | **Accès** Depuis l'A 38, sortez à Pouilly-en-Auxois et suivez Saulieu. Dirigez-vous ensuite vers Saint-Brisson, puis Gouloux et Ouroux-en-Morvan. Bifurquez vers Cœuzon/Maquis Bernard au niveau des stèles indiquées et continuez jusqu'au parking | **À savoir** Pour faire le plein de victuailles avant la promenade, passez par les caves Barbotte à Ouroux, où les produits locaux sont mis à l'honneur (place de l'Église, le Bourg, 58230 Ouroux-en-Morvan).

65 La métairie Bruyère

Un cadre idyllique pour la création

Perdue au beau milieu de l'Yonne, nichée dans la forêt et entourée par les champs, la métairie Bruyère cache bien son jeu. Paisible, comme endormie, cette ancienne ferme typique de la région se fait malgré tout remarquer. Elle détonne même, puisqu'il est impossible de passer à côté des immenses peintures apposées sur l'une de ses façades.

Derrière ces murs surprenants se cache en fait un haut lieu de la création et de l'édition en France. Chaque année, des artistes spécialisés du monde entier y viennent en résidence pour se rencontrer et échanger. Il faut dire que l'environnement est plutôt propice à la création et à l'inspiration. Loin des tumultes et des distractions de la ville, les créateurs en tout genre s'offrent ici un temps de respiration et de concentration intense pour finaliser leurs projets. Et ils ne sont pas arrivés ici par hasard : la métairie est reconnue dans le milieu du livre. Plusieurs espaces sont dédiés aux différentes techniques d'impression, que les artisans locaux maîtrisent sur le bout des doigts : la typographie, la lithographie et la gravure. Chacun peut ainsi expérimenter, créer, façonner… L'été, le lieu s'ouvre au public à l'occasion de visites guidées passionnantes qui invitent à la découverte des arts et des techniques, mais aussi des outils pour les mettre en œuvre. La métairie dispose ainsi de la plus importante réserve de caractères en plomb et de presses datant du XIXe siècle. Des ateliers ou des stages sont possibles pour aller plus loin.

Ce lieu unique en Europe a vu le jour grâce à Robert Dutrou. Jeune apprenti, il devient par hasard l'imprimeur attitré de Miró et se fait un nom dans le milieu artistique de l'époque. Avec sa femme Lydie, il travaille avec les plus grands – Picasso, Ernst, Calder – puis installe ses ateliers et ses presses dans l'Yonne. Leur fille et son mari perpétuent aujourd'hui le savoir-faire familial et en ont profité pour l'ouvrir aux créatifs de tous bords.

Adresse Le Petit Arran, 89240 Parly, la-metairie.fr | Accès Depuis l'A 6, sortez à Auxerre et suivez Centre-Ville. Sortez en direction de Toucy puis Parly | Horaires d'ouverture De juillet à septembre, du mercredi au dimanche de 14 h à 19 h D'octobre à juin sur rendez-vous | À savoir Avant de partir, passez par Auxerre pour y admirer la magnifique tour de l'Horloge (rue de la Draperie, 89000 Auxerre).

66 La grotte des Cèlerons

Sur les pas des contrebandiers

Se pourrait-il que Louis Mandrin, le célèbre contrebandier du XVIIIe siècle, soit passé par la Côte-d'Or pour y stocker son butin à l'abri des regards ? Sur les hauteurs de Prenois se trouve un lieu idéal pour dissimuler le fruit de n'importe quel trafic : la grotte des Cèlerons (ou Seulerons).

La balade débute à Val-Suzon et mène très rapidement à l'épaisse forêt qui s'étend à perte de vue. La mousse a pris possession des arbres et rend l'endroit sauvage, voire mystérieux. La suite du parcours se fait dans un silence religieux, pas un bruit ne vient briser la quiétude alentour. En scrutant le sol, vous aurez peut-être la chance d'apercevoir des orchidées ou des asperges sauvages qui se plaisent dans l'environnement humide des sous-bois. Juste avant d'arriver à la fameuse grotte, on tombe sur un étonnant trou béant : il s'agit de l'abîme du Creux percé. Ce vaste entonnoir de 45 mètres de profondeur est en réalité une glacière naturelle comme on peut en trouver dans les Alpes, les Pyrénées ou le Jura. Dans la région, il s'agit plutôt d'une curiosité exceptionnelle, puisqu'elle se trouve à 475 mètres d'altitude. Le gouffre était autrefois réputé pour abriter de la glace qui ne fondait jamais. Au fond, la température monte rarement au-dessus de zéro !

Reprenez votre chemin pour enfin arriver à la grotte des Cèlerons, un ensemble qui compte en fait trois grottes et un réseau de souterrains parfait pour se cacher. La plus vaste, le Grenier à sel, aurait, comme son nom l'indique, servi de dépôt de sel aux contrebandiers à l'époque médiévale. Certains aiment à croire que Mandrin et sa bande, qui a déboulé en Bourgogne en 1754 pour semer la terreur, auraient pu s'y cacher, mais aucune source ne le prouve. Une galerie conduit ensuite à une seconde caverne, la Boîte aux lettres, si petite que l'on peut difficilement s'y aventurer. Sur les hauteurs, la Dame des Cèlerons coiffe le piton rocheux et offre un magnifique point de vue sur la combe.

Adresse 21370 Pasques | Accès Depuis Dijon, prenez la direction de Prenois, puis dirigez-vous vers Pasques | À savoir Gardez vos chaussures de randonnée et partez à la découverte des falaises de Baulme-la-Roche, qui offrent un somptueux panorama.

67_La Roche percée

Un trou bien singulier

Mais qu'est-ce que peut bien être cette grande arche au beau milieu du paysage ? Si certains y voient une intervention divine, ce trou béant n'est ni plus ni moins que l'œuvre de la nature, qui a creusé la pierre au fil du temps.

Au bord d'une falaise de 15 mètres, la Roche percée possède des dimensions hors norme : 8 mètres de large sur 6 mètres de haut. Cette ouverture naturelle a été creusée il y a quelque 185 millions d'années par l'érosion progressive de la montagne : difficile à croire, mais la Cure, ce petit ruisseau qui coule en contrebas, était autrefois un fleuve au débit extraordinaire. Des inondations cataclysmiques à la fin des périodes glaciaires ont entraîné des phénomènes de silicification (transformation de la roche), transperçant ainsi la pierre. Aujourd'hui, le banc rocheux voisin est formé d'arkose, de granite et de filons de quartz. Cette curiosité géologique a donné son ancien nom au village, Petra-Pertuisa, le verbe « pertuiser » étant un synonyme désuet de « percer ». Depuis son sommet – si vous osez vous y engager –, on peut apercevoir le bourg, mais aussi le passage de l'ancienne voie romaine et le site des Fontaines salées à quelques kilomètres.

Le petit village de Pierre-Perthuis a bien d'autres secrets à dévoiler, comme un vieux moulin ou les ruines d'un ancien château dont il reste une porte. Il est possible d'y accéder en traversant le pont de Ternos, l'un des deux ponts bâtis à l'endroit le plus étroit de la Cure. Ce petit passage qui enjambe la rivière peut vous sembler familier… Il a en effet été foulé par Louis de Funès et Bourvil dans le film *La Grande Vadrouille* ! Quelques mètres plus loin, le deuxième pont du village prend le pas visuellement sur le reste. Avec ses 33 mètres de hauteur, impossible de passer à côté. Si vous êtes d'humeur randonneuse, 90 minutes à peine séparent le village de l'impressionnante basilique de Vézelay, un incontournable de la région !

Adresse 89450 Pierre-Perthuis | **Accès** Depuis l'A 6, sortez à Avallon, puis prenez la direction de Vézelay. À Saint-Père, suivez Pierre-Perthuis. Dirigez-vous vers la Roche percée | **À savoir** Amateurs d'art contemporain, ne manquez pas le musée Zervos à Vézelay, d'une richesse insoupçonnée (14 rue Saint-Étienne, 89450 Vézelay).

68 La Tour du Pouilly-Fumé

Voir, écouter, goûter, ressentir

Le vin est le résultat d'un long labeur. Avant d'arriver en bouteille sur votre table et de terminer dans votre verre à pied, il doit subir de nombreuses étapes et transformations. La nature fait bien entendu son œuvre, mais la réussite d'une récolte doit beaucoup à l'investissement du vigneron dans ses vignes. C'est donc à ces hommes et à ces femmes que la Tour du Pouilly-Fumé a souhaité consacrer sa scénographie. Car derrière chaque grand vin se cache un ou une grande vigneronne !

En plein cœur de Pouilly-sur-Loire, qui donne son nom à l'appellation pouilly-fumé, le centre œnotouristique, hébergé dans une maison de maître, vous embarque pour une visite dans les vignes. Après une présentation historique du vignoble et du cépage utilisé dans la région, on passe très vite à la pratique. Ici, tout est fait pour valoriser l'humain et le travail manuel. La balade est donc consacrée aux gestes, aux saisons, au temps qui passe. Les vidéos projetées sont concrètes et permettent d'en apprendre plus sur le quotidien d'un domaine. On se projette dans ce travail éprouvant, mais passionnant, tout en découvrant les enjeux. Là où d'autres régions aiment mettre en avant leur renommée et leurs caves séculaires, le Pouilly-Fumé met l'accent sur l'entraide, le partage et la camaraderie des quelque 100 vignerons qui en produisent dans les environs.

La visite sensorielle se poursuit au sous-sol, dans la cave aux Arômes, une jolie cave voûtée où vos sens seront bouleversés. On parle souvent de notes ou d'arômes dans le vin, sans parfois saisir précisément quel parfum est associé à quel goût. Ici, tout est prévu pour que vous repériez les dix familles aromatiques qui composent les vins blancs de pouilly : fruits secs, agrumes, fruits rouges, fleurs blanches, cuir… Grâce à des produits naturels et frais, tout devient évident ! Pour finir, passage obligatoire à la dégustation pour goûter et apprécier le fruit de tout ce travail.

Adresse 30 rue Waldeck-Rousseau, 58150 Pouilly-sur-Loire, www.pouilly-fume.com | **Accès** Depuis l'A77, sortez à Pouilly-sur-Loire et engagez-vous sur l'avenue de la Tuilerie jusqu'à la rue Waldeck-Rousseau | **Horaires d'ouverture** En avril, mai, juin, septembre et octobre, du mardi au dimanche de 10 h à 13 h et de 14 h 30 à 18 h 30 ; en juillet et août, tous les jours de 10 h à 13 h et de 14 h à 19 h ; en février, mars, novembre et décembre, du mardi au dimanche de 14 h à 18 h | **À savoir** Les couchers de soleil sont magnifiques sur la Loire, surtout depuis le pont de Pouilly-sur-Loire. Celui-ci a la particularité de se situer au milieu précis du fleuve, à 496 kilomètres de sa source et à 496 kilomètres de son embouchure.

69_TNCO

Le spot le plus cool

En voilà un lieu atypique qui dénote avec son environnement. Dans la région si réputée des grands crus de Bourgogne, entre Nuits-Saint-Georges et Beaune, le TNCO n'est pas pompeux pour un sou. Son ambiance se veut plutôt cool et détendue.

Il y a 10 ans à peine, il n'existait absolument rien à cet endroit. Les quatre étangs des environs, pourtant à quelques mètres des vignes si réputées, étaient délaissés, seulement occupés par les pêcheurs du coin ou même carrément abandonnés. Il a fallu un coup de génie (et un brin de folie) pour transformer l'ancien camping bordé par l'autoroute en spot le plus cool de la région ! Aujourd'hui, la réputation du TNCO (téléski nautique Côte-d'Or) n'est plus à faire : on vient de loin pour s'y retrouver et *rider* sur les flots paisibles de la base de loisirs.

On remarque très vite les spécialistes : ce sont généralement ceux qui viennent avec leur équipement, qui maîtrisent le vocabulaire sur le bout des doigts et qui n'hésitent pas à faire quelques figures sur les *kickers*... Mais pas d'inquiétude, le TNCO accepte tout le monde, petits et grands, pour s'initier ou juste pour s'amuser. Il est équipé d'un long câble à poulies qui fait le tour du plan d'eau. Solidement harnachés, les sportifs sont ainsi tractés à bonne vitesse pour pratiquer wakeboard, ski nautique ou kneeboard. Les plus courageux peuvent tenter de sauter sur les nombreuses rampes du parcours.

Au cours des années, le site s'est enrichi d'équipements et d'infrastructures pour accueillir et satisfaire tous les visiteurs : paddles, pédalos, structures gonflables, trampolines, minigolf, terrain de pétanque, *slacklines*, baby-foot... Mais on ne va pas se mentir, l'endroit le plus fréquenté reste la terrasse et le snack, où il fait bon siroter un verre et déguster un burger en regardant les autres faire du sport. Il n'en faut parfois pas plus pour se rêver en vacances dans sa propre région.

Adresse Base de loisirs Saule Guillaume, 21700 Premeaux-Prissey, www.teleskinautiquecotedor.com | **Accès** Depuis l'A 6, sortez à Nuits-Saint-Georges, puis dirigez-vous vers Gerland. Prenez la direction de Quincey, puis Premeaux-Prissey à la sortie du village. Prenez une petite allée jusqu'au téléski nautique/camping Le fil de l'eau | **Horaires d'ouverture** Du 1er mai jusqu'à la mi-septembre, horaires à consulter sur le site | **À savoir** Le camping associé au TNCO est idéal pour passer plusieurs jours dans la région.

70 Les mardelles

Un trésor si fragile

La Nièvre est un département plutôt sauvage. Il suffit d'en parcourir les routes et les sentiers pour s'en rendre compte : il n'est pas rare de tomber nez à nez avec un renard ou une biche. Mais certains coins sont encore plus reculés et inapprivoisés que d'autres.

Au sein de la forêt de Prémery se trouve un espace protégé et secret qui abrite des mardelles, de petites mares forestières vieilles de 15 000 ans. Elles se sont formées naturellement dans cet environnement humide absolument unique. Des sphaignes ou de grosses touffes de laîche raide forment des îlots et les recouvrent en partie. Cette nature atypique ajoute un peu de mystère et de magie à l'endroit. La tourbe qui compose les mardelles se constitue très lentement, à hauteur d'un demi-centimètre par siècle ! L'endroit est donc préservé et étudié par les chercheurs : les pollens contenus dans la tourbe permettent de retracer l'histoire de la végétation sur des milliers d'années. Les scientifiques ont également identifié plusieurs espèces rares et protégées, comme l'osmonde royale (une fougère), le lézard vivipare ou le triton marbré. Certains arbres seraient même aussi anciens que les pyramides d'Égypte !

Au milieu de ces 253 hectares de milieux humides forestiers, cinq sentiers ont été identifiés et balisés pour les promeneurs. Des parcours faciles et accessibles à tous qui promettent de 1 à 5 heures de marche au milieu d'un environnement extraordinaire. Munissez-vous de bonnes chaussures, d'habits longs, et n'oubliez surtout pas vos jumelles : avec un peu de chance, vous pourrez croiser une libellule leucorrhine à gros thorax ou une cigogne noire. L'endroit est extrêmement sensible et fragile, voire dangereux : le respect de la faune et de la flore est donc primordial. L'Office national des forêts a classé ce site réserve naturelle régionale en 2015 ; des visites guidées et commentées sont parfois organisées pour en découvrir tous les secrets.

Adresse D 2, 58700 Prémery | **Accès** Depuis Nevers, rejoignez Guérigny, puis suivez Prémery | **À savoir** De mai à juillet, rendez-vous à la butte aux orchidées à Arbouse pour profiter des fleurs sauvages.

71_Quarré de chocolat

Pause chocolatée

À quoi reconnaît-on une bonne adresse ? Au nombre de kilomètres que sont prêts à parcourir certains habitués pour en profiter ! Chaque dimanche, la petite commune de Quarré-les-Tombes ne désemplit pas. Les gourmands se pressent autour d'une seule et même boutique : la boulangerie de la place du village, dont le produit phare n'est autre que la gaufre ! Moelleuse et croustillante, elle a vite fait de conquérir le cœur des petits et des grands.

Cette jolie tradition qui anime le village tout entier ne date pas d'hier. Un triste dimanche de 1975, jour de la Saint-Georges, la boulangerie de la famille Fontaine décida d'instaurer un nouveau rituel : celui de vendre des gaufres tous les dimanches entre le dimanche des Rameaux et le 11 novembre. Le commerce, jusqu'alors réputé pour ses produits artisanaux, ses chocolats aux thèmes originaux et ses confitures insolites, devint un point de rendez-vous pour les fins gourmets. En 2005, Jérôme et France Marchand reprirent la coutume en y ajoutant une once de gourmandise, si cela était encore possible : les pâtes à tartiner et les coulis maison ! Praliné, riz soufflé, nougat-chocolat blanc… le choix n'est pas aisé, mais il donne l'eau à la bouche.

Dans la boutique juxtaposée à la boulangerie, le couple vend dorénavant toutes ses créations, qu'elles soient traditionnelles, tels le pavé morvandiau (une génoise aux amandes, imbibée de Grand Marnier et enrobée de chocolat à l'orange avec des amandes hachées), le quarréen, le saint-amour ou le saint-georges, ou modernes, comme les confitures artisanales aux parfums étonnants (courgette-noisette, potiron-chocolat…). Les pâtes à tartiner, les caramels crémeux ou le miel sont aussi de la partie. Après moult tentatives, Jérôme Marchand a aussi mis au point une tablette de chocolat maison, l'Oxycao, un chocolat riche en antioxydants et bon pour le système cardiovasculaire. Attention, cet antre de la gourmandise vous fera forcément succomber à la tentation !

Adresse 24 place de l'Église, 89630 Quarré-les-Tombes, quarredechocolat.com | **Accès** Depuis Dijon, prenez l'A38 en direction de Paris. Sortez à Sombernon et suivez Vitteaux. Dirigez-vous ensuite vers Précy-sous-Thil, puis Avallon. Au niveau de Rouvray, suivez Quarré-les-Tombes | **Horaires d'ouverture** Du mardi au dimanche de 7 h à 13 h et de 14 h à 19 h 30 | **À savoir** Il est possible d'acheter et de se faire livrer les produits de Quarré de Chocolat grâce à leur site de vente en ligne.

72 Les sarcophages

Le mystère des 114 sarcophages

Quelle histoire mystérieuse se cache derrière l'étrange nom de cette commune du Morvan ? Ces étonnants sarcophages, disséminés tout autour de l'église du village, n'ont pas encore révélé leurs secrets. Alors les suppositions vont bon train !

Sur le site, on recense 114 sarcophages, 45 cuves et 69 couvercles taillés en forme trapézoïdale, de type bourguignon-champenois. Tous ont été découverts entièrement vides ; on s'interroge donc sur les raisons de leur présence et leur provenance. La croyance populaire veut qu'on en ait trouvé jusqu'à 2 000 ! Elle raconte aussi que saint Georges, le saint patron de Quarré-les-Tombes et des chevaliers, serait descendu du ciel pour lancer un assaut sanglant contre les Sarrasins d'Espagne venus piller et torturer les villageois. La bataille aurait été terrible et le nombre de morts important. En regagnant le Paradis, le saint aurait demandé à Dieu d'offrir une sépulture digne aux chrétiens morts pendant la nuit. Des sarcophages tombèrent alors du ciel, ensevelissant le corps des courageux combattants.

Les scientifiques ont aussi tenté d'expliquer cette concentration exceptionnelle de sarcophages. Certains ont d'abord évoqué la possibilité que le village de Quarré ait été un dépôt de tombes. Carrefour stratégique entre Auxerre et Autun situé à quelques kilomètres seulement de plusieurs carrières, la commune aurait pu accueillir des marchands et des fabricants de sarcophages et servir d'entrepôt. Mais de récentes études préfèrent l'hypothèse de la présence d'une nécropole à l'époque mérovingienne, liée à un sanctuaire. Ces sarcophages, constitués de calcaire, auraient été amenés en masse par voie fluviale. Il est impossible de connaître le nombre exact de tombes présentes à l'origine, puisqu'à la fin du XVIIIe siècle, l'abbé Bégon, maire de Quarré, décida de modifier la configuration du village et du cimetière, autorisant alors les habitants à récupérer certains morceaux de sarcophages.

Adresse Place de l'Église, 89630 Quarré-les-Tombes | **Accès** Depuis Dijon, prenez la direction de Paris par l'A 38. Sortez à Sombernon et suivez Vitteaux. Dirigez-vous ensuite vers Précy-sous-Thil, puis vers Avallon. Au niveau de Rouvray, suivez Quarré-les-Tombes | **À savoir** Pour une balade en famille, dirigez-vous vers les roches des Fées, un chaos granitique dans la forêt du Duc que l'on pensait autrefois habité par une fée.

73 Les sept écluses

Relier la Loire à la Seine

Mais que peuvent bien faire ces écluses impressionnantes abandonnées au beau milieu de nulle part ? Aussi étonnant que cela puisse paraître, elles appartenaient à un projet titanesque imaginé par Henri IV et Sully dès 1597. À l'époque, les deux hommes eurent l'idée – et l'ambition – de relier la Méditerranée à l'Atlantique et à la Manche à l'aide de canaux faisant la jonction entre les rivières. Mais pour relier la Seine et la Loire en passant par l'Yonne, il a fallu dompter bien des collines, dont la colline de Rogny, haute de 24 mètres !

C'est à ce moment-là que l'ingénieur hydraulicien Hugues Cosnier est entré en jeu. Pour pallier ce léger souci, il a imaginé une échelle de six (puis sept) écluses sur une distance de 250 mètres seulement. Une prouesse technique et un chantier monumental pour l'époque ! Ce dernier a débuté en 1604, mobilisant pas moins de 12 000 ouvriers sous la protection de 6 000 hommes de troupe, les menaces étant vives de la part des nombreux propriétaires expropriés. Les travaux ont été arrêtés en 1610 à la mort d'Henri IV et n'ont repris qu'en 1639, après la guerre de Trente Ans. Les sept écluses furent finalement inaugurées en 1642 et le rendu est tout aussi impressionnant qu'improbable : chaque ouvrage mesure 28 mètres de long et 4,8 mètres de large, avec des murs de 1,95 mètre d'épaisseur. Durant sa période de fonctionnement, 4 000 bateaux l'empruntaient chaque année. Malgré une circulation plus sûre et plus rapide, les faiblesses d'une telle installation ont très vite été pointées du doigt : très coûteuse en eau (750 litres par seconde), une attente très longue (une demi-journée pour franchir la colline) et un seul sens de circulation. Cet « escalier d'eau » a tout de même fonctionné jusqu'en 1880 sans discontinuer. Il fut ensuite remplacé par six écluses plus modernes, installées sur un nouveau tracé du canal contournant la fameuse colline et espacées de 500 mètres chacune.

Adresse Rue Hugues-Cosnier, 89220 Rogny-les-Sept-Écluses | Accès Depuis Auxerre, suivez Chevannes via la D 1, puis dirigez-vous vers Diges. Prenez la direction de Toucy, puis de Saint-Fargeau. Suivez Champignelles via la D 7, puis Rogny-les-Sept-Écluses | À savoir En été, le site est le théâtre peu commun d'un grandiose spectacle pyrotechnique et musical qui a lieu le dernier samedi de juillet.

74 Le Hameau Dubœuf

Hymne au Beaujolais

Existe-t-il un plus beau témoignage d'amour à sa région que de lui consacrer un parc à thème ? En 1993, Georges Dubœuf, négociant en vin, a pris possession d'une ancienne tonnellerie dans le but de partager sa passion pour le vin au plus grand nombre. Le Hameau Dubœuf était ainsi né. Depuis, les animations n'ont cessé de grandir et de monter en puissance.

Dès l'entrée, le parc vous transporte dans un univers unique et surprenant : l'ambiance y est intemporelle et réconfortante. Le premier rendez-vous est donné à l'accueil, dans une reproduction parfaite d'un hall de gare des années 1900 nommée « la salle des pas perdus ». Une fresque grandiose rend hommage aux chemins de fer qui ont contribué à l'essor des vignerons du Beaujolais en leur permettant de transporter et d'expédier leur production. Le parcours mène ensuite dans différentes pièces où sont exposés pas moins de 3 000 objets et outils autour du vin et 500 affiches anciennes, retraçant ainsi 2 000 ans d'histoire viticole. La filière entière est mise en valeur, du vigneron au tonnelier en passant par le fabricant de bouchons ou de verres. Ensuite, direction les salles de projection pour des spectacles interactifs hauts en couleur. L'expérience atteint son apogée lorsque la théorie rencontre la pratique dans une impressionnante salle de bistrot où a lieu la dégustation tant attendue. Pour donner un peu plus de suspense à votre visite, partez à la recherche du personnage qui menace le hameau en résolvant une série d'énigmes.

Le voyage se poursuit à l'extérieur : un petit train vous transporte vers le centre de vinification, pour découvrir les métiers de la production et les méthodes de vinification, et le jardin en Beaujolais, où les sens sont mis en émoi. Fleurs, écorces, fruits, épices… identifiez distinctement les senteurs qui composent les arômes d'un vin grâce aux clos thématiques. La visite peut se terminer, au choix, dans les vignes ou autour d'une partie de minigolf !

Adresse 796 route de la Gare, 71570 Romanèche-Thorins, www.duboeuf.com | **Accès** Depuis Mâcon, prenez la direction de Lyon et suivez Romanèche-Thorins. Dirigez-vous vers le Hameau Dubœuf | **Horaires d'ouverture** Parc : du mercredi au dimanche de 10 h à 18 h. Jardin en Beaujolais : d'avril à septembre | **À savoir** Un musée exceptionnel se trouve dans le même village : celui du Compagnonnage (98 rue Pierre-François-Guillon, 71570 Romanèche-Thorins).

75_La ferme du Champ bressan

Immersion au cœur du monde rural

Si vous avez la chance de vous promener dans la campagne paisible de la Bresse, vous remarquerez sans doute de grands corps de ferme construits à l'aide d'immenses poutres en bois. À l'époque, certains étaient même surmontés d'une cheminée sarrasine. Cette particularité architecturale est caractéristique des fermes bressanes – on ne la trouve que dans cette région, qui s'étend du sud de la Saône-et-Loire au nord-ouest de l'Ain, ainsi qu'à l'ouest du Jura.

Ici, la terre est particulièrement pauvre en pierres et riche en argile. Les hommes se sont donc adaptés pour construire leurs habitations : les fermes bressanes sont de longs bâtiments en murs de brique et pans de bois. Ces grandes propriétés s'accompagnaient généralement d'une grange pour entreposer les récoltes, d'une étable pour le bétail et d'une mare ou d'un puits. Il était possible de déplacer en totalité ou en partie la maison, sans réelles fondations, afin de s'adapter aux changements familiaux ou environnementaux. Les ancêtres des caravanes en somme…

À l'intérieur, la pièce principale était équipée d'un foyer ouvert, coiffé d'une gigantesque hotte pyramidale en forme d'entonnoir renversé, autour duquel était installé un banc pour les anciens ou les propriétaires, que l'on nommait l'archebanc. Mais la caractéristique la plus étonnante de ces fermes se trouve sur le toit : la fameuse cheminée sarrasine. Il en subsiste une trentaine aujourd'hui, et seulement trois en Saône-et-Loire, dont une à Romenay. L'appellation mystérieuse de cette cheminée n'est pas liée aux peuples musulmans, nommés « Sarrasins » par les Occidentaux. Le mot « sarrasin » voulait en fait dire « barbare », ce qui est étranger à la chrétienté et s'employait ici pour désigner ces cheminées « d'un autre âge ». Et ces cheminées détonnent ! Leur architecture s'apparente souvent à un petit clocher et elles sont toujours très travaillées et décorées dans un style unique.

Adresse 3928 route des Alpes, Le Bourg, 71470 Romenay | **Accès** Depuis l'A 6, sortez à Tournus et descendez vers le quai de Saône. Suivez la D 37, puis la D 975 jusqu'à Romenay | **Horaires d'ouverture** De mai à octobre, du mercredi au dimanche de 14 h à 18 h | **À savoir** Faites une halte à La Truchère et promenez-vous le long de la Seille.

76_Les Champs du Destin

Des pains engagés

Alors que le local est à la mode, certains repoussent les limites en jouant la carte de l'ultra-local. Une philosophie de vie que Jérôme Bruet et Céline Sobole ont embrassée depuis 2011 : à la boulangerie Les Champs du Destin, les différents pains sont produits avec des céréales provenant de champs voisins, à seulement quelques kilomètres. Un défi au quotidien qui permet de soutenir les agriculteurs du village et de faire vivre une dizaine d'employés passionnés par leur métier.

Depuis plus d'une dizaine d'années déjà, le couple a fait le choix engagé de se fournir localement en matières premières. Au vu de leur situation géographique – des champs à perte de vue –, cela pourrait paraître comme une évidence, mais encore fallait-il oser sauter le pas ! Aujourd'hui, grâce aux acteurs impliqués, Les Champs du Destin se revendiquent boutique bio et écoresponsable, des valeurs fortes en faveur de l'environnement et de l'économie locale. Il n'y a d'ailleurs pas meilleur représentant du travail en circuit court : les céréales sont élevées sans produits chimiques et dans le respect des sols dans un rayon de 5 kilomètres à la ronde, et la farine est moulue sur place. Deux levains naturels, élaborés il y a plus de 15 ans et nourris avec des jus de fruits du village, sont entretenus chaque semaine pour offrir ce goût si particulier et une mie bien dense et digeste. Les pains sont ensuite vendus directement au fournil à Sacquenay (dans une magnifique grange rénovée) ou sur les marchés de la région (Dijon, Beaune et Besançon).

Jérôme et Céline s'engagent aussi socialement : pour eux, le bien-être au travail est capital et il est de leur devoir d'y contribuer ! Bien avant que les grandes sociétés prennent le pas, ils ont mis en place la semaine de quatre jours depuis plusieurs années. Leur prochain défi sera encore plus gourmand : développer une gamme de tablettes de chocolat à base de graines… du village évidemment !

Adresse 7bis rue de la Montolle, 21260 Sacquenay, leschampsdudestin.com | **Accès** Depuis Dijon, prenez la direction de Ruffey-lès-Echirey, puis Saint-Julien. Suivez ensuite Spoy et Lux avant de continuer vers Sacquenay | **Horaires d'ouverture** Le jeudi et le vendredi de 15 h à 18 h 30 | **À savoir** Passez par le bar associatif Le Poney Fringuant dans le village : vous pourrez y déguster des repas bios et profiter de soirées-concert diverses et variées (6 place de la Charme, 21260 Sacquenay).

77_Le belvédère

Une vue imprenable

Lorsque l'on évoque les vignobles bourguignons, on pense très souvent à la côte de Beaune, à la côte chalonnaise ou aux coteaux de Chablis. Mais on oublie très souvent qu'une petite partie de la Nièvre s'illustre également dans ce domaine. Il faut dire que l'appellation est très localisée, puisque les vignes sont situées sur seulement sept communes autour de Pouilly-sur-Loire, qui produisent le célèbre pouilly-fumé, un vin blanc issu du cépage sauvignon aux arômes développés.

Pour apprécier la vue sur les vignobles, il faut prendre de la hauteur et se rendre au belvédère de Saint-Andelain. Saint-Andelain est le bourg le plus haut perché de la rive droite de la Loire. À une époque, la petite ville était même réputée pour être le lieu d'où l'on pouvait apercevoir 23 clochers. Un emplacement idéal donc pour admirer les environs. La mairie a profité de la restructuration de l'ancien château d'eau de la commune pour installer un point de vue à son sommet. Bordée par les vignes, la tour se dresse au-dessus du paysage et donne directement sur tout le vignoble environnant. Une fois en haut, la vue sur les différents reliefs vallonnés est impressionnante. Le regard embrasse un panorama de plusieurs kilomètres qui va de la Loire à La Charité-sur-Loire en passant par des villages vignerons comme Sancerre. Cette visite permet de se rendre compte des nombreuses parcelles qui accueillent l'appellation d'origine contrôlée (AOC). Condensée sur seulement 1 400 hectares, l'appellation fait partie de la région viticole de la Loire et enregistre une production de 10 millions de bouteilles par an.

Lors de votre ascension, vous pourrez découvrir l'histoire de cette région viticole (le phylloxéra, les nouvelles plantations, les enjeux économiques…) en lisant les panneaux fixés sur les murs du belvédère. Une caméra placée au sommet retranscrit les images à 360 degrés sur un écran positionné au rez-de-chaussée pour ceux qui souhaiteraient rester sur le plancher des vaches.

Adresse 58150 Saint-Andelain | Accès Depuis l'A 77, sortez à Saint-Andelain, puis continuez sur la D 153 | Horaires d'ouverture De mai à octobre, tous les jours de 9 h à 20 h ; de novembre à avril, tous les jours de 9 h à 18 h | À savoir N'oubliez pas vos jumelles pour scruter le moindre détail.

78 Les caves Bailly Lapierre

Des galeries entières dédiées au crémant

Les caves en Bourgogne, c'est un peu l'affaire de toute la région ! Les petits villages viticoles regorgent de vignerons prêts à ouvrir leurs portes et à vous conduire dans les entrailles de leurs domaines pour vous les faire découvrir. Mais aucune cave ne ressemble à celles de Bailly Lapierre.

Tout en haut d'une colline, presque à flanc de coteau, un immense trou béant creusé directement dans la roche annonce le début des festivités. Le lieu a de prime abord des allures de QG d'agent très secret ; il est en réalité niché au sein d'une ancienne carrière de pierre de 4 hectares. On y entre en voiture par une grande route et après s'y être enfoncé, on découvre un tout nouveau monde : un microcosme dédié aux bulles et au précieux nectar. Les caves Bailly Lapierre, regroupant 430 vignerons, sont en effet spécialisées dans le crémant de Bourgogne. Ici, les conditions sont idéales pour la vinification et la conservation des vins de la région : des dédales de pierres calcaires blanches formés durant des siècles et une température naturelle constante de 12 degrés.

Au gré de votre visite, vous en apprendrez plus sur l'histoire du site, notamment grâce à 10 hautes statues taillées à même la roche. D'abord carrière, puis usine de pièces détachées pour l'aviation pendant la guerre, champignonnière et enfin cave, l'endroit a suscité toutes les convoitises. Aujourd'hui, il est habité par quelque six millions de bouteilles de crémant, qu'il faut bichonner et surveiller. Dans cette difficile tâche, les professionnels ne sont heureusement pas seuls. D'étranges machines se mettent en branle toutes les 2 heures pour tourner précisément de 1/8e de tour les bouteilles. Un ballet improbable qui garantit ainsi la qualité du breuvage ! La visite se termine par une dégustation au cœur de l'immense bar-boutique souterrain, avant de regagner l'air libre et de retrouver le monde réel.

Adresse 3 quai de l'Yonne-à-Bailly, 89530 Saint-Bris-le-Vineux, www.bailly-lapierre.fr | **Accès** Depuis Auxerre, prenez la direction d'Avallon, puis suivre Bailly | **Horaires d'ouverture** Consultez le site internet pour connaître les horaires des visites guidées | **À savoir** En repartant, ne manquez pas de passer par les petites routes bordées de vignes. Des caves plus traditionnelles sont également à découvrir dans les villages alentour.

79_Le dolmen Chevresse

Pierre de légende dans le Morvan

Menhirs, dolmens, pierres qui virent, roches aux fées ou du Diable… les pierres de légendes ne manquent pas dans le Morvan ! Ces amas rocheux, mystérieux et impressionnants, ont de tout temps fasciné les hommes. Il faut dire que le Morvan est un vieux massif granitique riche sur le plan géologique. Il n'est donc pas rare de tomber nez à nez avec un rocher énigmatique et d'y voir un signe obscur.

Entre Saint-Brisson et Dun-les-Places, au beau milieu de la forêt dite Breuil-Chenue, trône au sommet de la colline le dolmen Chevresse. En réalité, l'appellation dolmen n'est pas tout à fait exacte pour le désigner, car ce site, aussi étonnant que cela puisse paraître, ne doit rien à la main de l'homme. L'artisan à l'origine de cette œuvre n'est autre que la nature elle-même ! Il s'agit là d'un amas brut de blocs de granite façonné par le temps, aussi appelé fort Chevresse. Et depuis l'aube de l'humanité, et aujourd'hui encore, ses formes énigmatiques fascinent et donnent lieu à des légendes. Il fut ainsi le théâtre de rites païens ou de réunions d'inspiration druidique. Il se raconte que les sorcières de la région, chargées d'ensorceler les habitants, s'y réunissaient pour organiser des sabbats, des assemblées nocturnes, bruyantes et obscènes, à la gloire de Satan. Si vous êtes d'humeur joueuse, vous pouvez tenter de trouver l'endroit précis où appuyer sur la pierre supérieure pour la faire bouger…

Le départ d'une randonnée qui mène au dolmen se trouve à la Maison du parc naturel régional du Morvan, à Saint-Brisson, où vous pouvez visiter le musée de la Résistance et la maison des Hommes et des paysages. Ne vous étonnez pas de son architecture : ses plans sont basés sur une exploitation agricole anglaise du XIXe siècle. Engagez-vous ensuite à travers bois en longeant un cours d'eau et une carrière de granite, pour enfin atteindre la pierre qui culmine à 595 mètres d'altitude. Chaussures de randonnée et jumelles conseillées.

Adresse 58230 Saint-Brisson | Accès Depuis l'A 38, sortez à Pouilly-en-Auxois et suivez Saulieu. Dirigez-vous ensuite vers Saint-Brisson | À savoir Pendant la Seconde Guerre mondiale, Dun-les-Places fut le village martyr le plus touché de Bourgogne. Pour ne pas oublier, la commune a ouvert un centre d'interprétation-mémorial passionnant (rue du 11-Novembre-1918, 58230 Dun-les-Places).

80 Le marché aux bovins

Un marché pas comme les autres

Toute l'année, qu'il pleuve, qu'il vente ou qu'il neige, le rendez-vous hebdomadaire des éleveurs de bovins de la région (et au-delà !) est donné lors du très célèbre marché municipal sur le champ de foire de Saint-Christophe-en-Brionnais.

Les foires à Saint-Christophe existeraient depuis le Xe siècle. C'est Charles VIII qui a instauré, en 1488, les premières foires à perpétuité. Depuis, le petit village n'a cessé d'évoluer autour de cette vente exceptionnelle de bovins : changement d'emplacement, achat de terrains, aménagement de halles... En 1961, le marché aux bestiaux est devenu hebdomadaire et s'est réorganisé pour accueillir toujours plus d'éleveurs et de négociants, jusqu'à devenir le plus grand de France et une référence européenne. Chaque mercredi, ce sont près de 150 professionnels qui se retrouvent pour vendre et acheter 1 000 animaux en moyenne. Pendant longtemps, les agriculteurs se sont levés à l'aube pour venir présenter leur cheptel et le vendre au plus offrant. Le spectacle était peu commun : tous les bovins étaient réunis dans un même endroit et les transactions se faisaient de gré à gré : chacun négociait et concluait ses transactions de son côté. Pour sceller un accord, les acheteurs entassaient les liasses de billets sur le mur qui entourait le champ de foire (aujourd'hui appelé le mur d'argent) et les bêtes vendues étaient marquées à la craie ou aux ciseaux.

Depuis, le marché de Saint-Christophe s'est modernisé – et pas qu'un peu ! Il s'est doté en 2009 d'un marché au cadran, un énorme ring sur lequel les bêtes passent une par une pour être montrées et pesées. Installés autour en demi-cercle, les professionnels enchérissent via un système de vente par enchères électroniques anonyme sur smartphone – les animaux sont vendus au plus offrant. Un tel procédé garantit l'anonymat de chacun, une concurrence saine et une transparence des informations. Malgré ces changements, l'effervescence, elle, est toujours bien présente !

Adresse Rue du Champ-de-Foire, 71800 Saint-Christophe-en-Brionnais | **Accès** Depuis Mâcon, prenez la direction de Charnay-lès-Mâcon, puis de Charolles. Continuez vers La Clayette, puis Lugny-Lès-Charolles et enfin Saint-Christophe-en-Brionnais | **Horaires d'ouverture** Le marché professionnel a lieu tous les mercredis sauf les jours fériés. Visites guidées de 9 h à 16 h auprès de l'office de tourisme | **À savoir** La commune se trouve dans le bassin de la viande de bœuf charolais : ne quittez pas Saint-Christophe sans avoir dégusté une traditionnelle entrecôte-frites !

81_Le musée de l'Aventure du son

Passer le mur du son

Ouvrez grand vos yeux et vos oreilles : au musée de l'Aventure du son, deux de vos cinq sens seront mis en émoi ! L'aventure du son, puisque c'en est bien une, remonte à l'histoire de l'humanité. Mais celle qui nous intéresse ici commence au XIXe siècle, avec l'arrivée de procédés qui ont permis peu à peu d'enregistrer la voix et de la retranscrire.

Le parcours scénographique nous emmène aux balbutiements des recherches menées en Europe sur le son. Le musée a la chance de détenir des pièces anciennes, spectaculaires et souvent magnifiques. On peut notamment admirer les découvertes de l'inventeur touche-à-tout Charles Cros, et les premiers phonographes de Thomas Edison. Sans oublier les gramophones, les zonophones, les tourne-disques, les radios… plus de 1 000 objets, parfois uniques, parfois insolites, mais surtout étonnants ! On se passionne très vite pour cet univers peu commun qui nous ramène à des époques plus ou moins lointaines. On regarde, et surtout, on écoute. Petite cocasserie qui en amusera plus d'un : la pièce dédiée aux années 70 et 80 permet de choisir son vinyle préféré et de le faire tourner sur une platine comme à l'époque. Un moment riche en émotions pour certains ! La visite se termine en apothéose par une démonstration d'instruments de musique mécanique, tout en fanfare et carillon – mais pas en toute discrétion…

Ce musée doit sa richesse et sa diversité à Armand Nogues, ancien maire de la commune qui a légué en 1994 l'entièreté de sa collection d'appareils : près de 300 phonographes accumulés au cours des années. Six ans plus tard, le Conseil général de l'Yonne a acheté la collection de phonographes, de radios et d'instruments de musique mécanique rassemblés par un amateur éclairé, Michel Héliez. Ainsi naquit le musée de l'Aventure du son, le seul en Europe. Il prend aujourd'hui place dans un ancien couvent du XVIIe siècle.

Adresse Place de l'Hôtel-de-Ville, 89170 Saint-Fargeau, www.aventureduson.fr | **Accès** Depuis l'A 6, sortez à Auxerre et suivez Centre-Ville, puis Saint-Fargeau | **Horaires d'ouverture** Tous les jours sauf le mardi. En avril, octobre et novembre de 14 h à 18 h ; de mai à septembre de 10 h à 12 h et de 14 h à 18 h | **À savoir** Chaque année, le château de Saint-Fargeau organise un spectacle retraçant son histoire avec plus de 600 acteurs et 50 cavaliers.

82 Bibracte

Au pays des irréductibles

À cheval entre la Saône-et-Loire et la Nièvre, le mont Beuvray domine aisément la région du haut de ses 821 mètres d'altitude. Il n'est donc pas étonnant qu'il soit devenu le point stratégique pour accueillir Bibracte, la capitale du peuple le plus puissant de la Gaule au IIe siècle av. J.-C. Au milieu d'une forêt dense et protectrice, Les Éduens ont ainsi installé une vaste ville fortifiée (un oppidum) qui a prospéré jusqu'à devenir « la plus grande et la plus riche ville des Éduens » selon César.

Le site a fait l'objet de nombreuses fouilles dès le XIXe siècle pour déterminer son véritable emplacement. Grâce à ces différentes recherches, les archéologues ont pu apprécier son ampleur et retracer son histoire.

Aujourd'hui, un musée, impressionnant par sa taille et sa scénographie, a pris place sur la montagne et brosse un portrait détaillé de la ville, de ses habitants et des activités agricoles, industrielles, commerciales, politiques et religieuses. Grâce à des maquettes, des plans, des reproductions numériques, vous passerez en revue toute l'histoire de cette période. La visite est très enrichissante, mais elle ne s'arrête pas là, évidemment ! Sur le chemin vers les hauteurs du mont Beuvray, vous découvrirez le site archéologique et les fouilles, répartis sur plusieurs endroits à travers la forêt. La vue sur le Morvan y est époustouflante et les différents vestiges marquent les esprits.

Lors de votre balade jusqu'au sommet, passez par la pierre de la Wivre dont le nom fait référence à la vouivre, une créature mythologique bourguignonne mi-femme, mi-serpent. C'est sur cette pierre que Vercingétorix aurait harangué les chefs gaulois pour les fédérer. Mais cela est une autre histoire. Si la faim vous guette, le restaurant du musée, Le Chaudron, vous embarque dans une expérience inédite pour vous faire découvrir les plats et les ustensiles de l'époque.

Adresse Mont Beuvray, 71990 Saint-Léger-sous-Beuvray, www.bibracte.fr | **Accès** Depuis l'A 6, sortez à Chalon-Sud en direction de Montceau. Continuez vers Le Creusot, puis Autun. Dirigez-vous ensuite vers Étang-sur-Arroux, puis suivez Bibracte | **Horaires d'ouverture** Musée : de mars à novembre, tous les jours de 10 h à 18 h ; en juillet et août, de 10 h à 19 h (22 h le mercredi). Le site archéologique est ouvert toute l'année à la visite | **À savoir** Lors de votre promenade sur le mont Beuvray, vous remarquerez peut-être des arbres aux troncs torturés. Il s'agit de queules, des vestiges de haies tressées qui clôturaient des pâturages aux siècles passés (bien après les Gaulois).

83 La Pierre-qui-Vire

Une pierre de légende au cœur du Morvan

C'est dans le silence de la forêt du Morvan, un endroit sauvage et reculé, que se cache l'abbaye Sainte-Marie-de-la-Pierre-qui-Vire. Fondée en 1850 par un religieux qui cherchait la solitude, elle abrite aujourd'hui une communauté bénédictine de la congrégation de Subiaco. Son emplacement et son nom ne sont pas dus au hasard ! À quelques mètres à peine de l'abbaye, hors de son enceinte, se trouve la fameuse Pierre-qui-Vire, un énorme bloc de pierre posé sur un long rocher.

Longtemps considérée comme un dolmen ou une pierre druidique du peuple gaulois, qui y déposait des offrandes et y effectuait des sacrifices, la grosse pierre était réputée pour osciller de bas en haut après une simple pression. Une légende du XIXe siècle raconte que, lors de la nuit de Noël, des fées venaient danser en ronde autour de la pierre pendant que le Diable trônait à son sommet. À minuit, la pierre virait, ouvrant ainsi un accès à une crypte dissimulant de fabuleux trésors. Par une belle nuit de Noël, une villageoise, accompagnée de son bébé, décida de s'y rendre au lieu d'assister à la messe. Comme prévu, la pierre vira et la villageoise se servit abondamment en or. Mais alors que la pierre était en train de se refermer, elle sortit précipitamment, oubliant son bébé à l'intérieur. À son retour chez elle, son mari, furieux, décida de jeter son butin maudit dans un tas de fumier. Pleine de remords, la villageoise attendit une année entière pour retourner à l'endroit précis de la Pierre-qui-Vire. Lorsque la pierre se mit à bouger à nouveau, un ange en sortit, la sermonna et lui rendit son enfant sain et sauf. L'ange en profita pour graver la pierre d'une croix, lui interdisant ainsi de virer pour toujours.

Depuis cette époque, la Pierre-qui-Vire ne vire plus… ou peut-être est-ce à cause de l'impressionnante statue qui la surplombe ? En 1853, les religieux du monastère ont installé une statue de Sainte-Marie de la Pierre-qui-Vire à son sommet et en ont profité pour la sceller à son socle…

Adresse 89630 Saint-Léger-Vauban | **Accès** Depuis Dijon, prenez l'A 38 en direction de Paris. Sortez à Sombernon et suivez Vitteaux. Dirigez-vous ensuite vers Précy-sous-Thil, puis Avallon. Au niveau de Rouvray, suivez Saint-Andeux, puis « Abbaye de la Pierre-qui-Vire | **À savoir** La communauté du monastère produit d'excellents fromages bios au lait de vache et de chèvre. Des poteries en grès et différentes sérigraphies sont aussi à retrouver dans la boutique.

84 La maison Nicéphore Niépce

Là où tout a commencé

Tous les amateurs de photographie connaissent son nom. Nicéphore Niépce, né à Chalon-sur-Saône en 1765, est reconnu par tous comme l'inventeur de cette pratique, puisqu'il a mis au point le procédé de l'héliographie qui permet d'enregistrer une image grâce à la lumière.

Pour découvrir son travail, vous pouvez sans problème vous rendre au musée de la Photographie Nicéphore Niépce qui se trouve dans sa ville natale. Mais pour un peu plus d'originalité, découvrez sa terre d'origine, à Saint-Loup-de-Varennes. Dans ce petit village du sud de la Bourgogne, à quelques kilomètres de Chalon seulement, se trouve la maison de la famille Niépce. C'est ici que Nicéphore est revenu s'installer après une carrière militaire dans le sud de la France. Avec son frère Claude, il a repris les rênes de l'exploitation familiale tout en se consacrant à la recherche scientifique. Tous deux mirent ainsi au point le pyréolophore, le premier moteur à combustion interne du monde. Nicéphore a également amélioré le procédé de la draisienne et s'est intéressé à la culture du pastel. Mais il passa le plus clair de son temps à l'étude de l'optique et de la lumière. Pour ce faire, il fabriqua une petite chambre noire capable de recevoir une lentille. Au fil des tests, il parvint à fixer une image sur une plaque d'étain couverte de bitume de Judée. Son cliché *Le Point de vue du Gras* est la toute première photographie permanente réussie.

Aujourd'hui, la maison a été rénovée et est entretenue pour accueillir de vieux appareils, des outils, des documents, des prototypes… ainsi que le plus vieux laboratoire photo du monde, celui du photographe chalonnais Fortuné Joseph Petiot-Groffier. Vous êtes immédiatement plongé dans l'univers créatif et historique de la famille Niépce. L'exploration vous mène enfin jusqu'à une fenêtre pour admirer le fameux point de vue du Gras. Si le cœur vous en dit, tentez, vous aussi, de reproduire le célèbre panorama. Attention : il a quelque peu changé…

Adresse 2 rue Nicéphore-Niépce, 71240 Saint-Loup-de-Varennes, photo-museum.org | **Accès** Depuis l'A 6, prenez la sortie Chalon-Sud, puis la direction de Chalon-sur-Saône. Dirigez-vous ensuite vers Mâcon pour rejoindre Saint-Loup-de-Varennes | **Horaires d'ouverture** Du 1er juillet au 31 août, tous les jours sauf le mardi de 10 h à 18 h | **À savoir** Suivez les traces de Nicéphore Niépce grâce aux nombreux panneaux explicatifs dotés de pieds photo, disséminés un peu partout dans la région.

85 La Champignonnière de Dijon

Au plus près de la terre

Ne dites plus champignon de Paris, mais de Dijon ! Depuis 2014, deux passionnés se sont lancés dans une culture peu commune : celle du champignon. Faire pousser des champignons demande de l'exigence et de la précision, contrairement à ce que l'on pourrait croire en les voyant se développer dans des endroits surprenants !

Blandine et Luc Lecherf ont profité d'une reconversion professionnelle pour se former auprès de la meilleure spécialiste en France. Le savoir-faire en poche, il leur a fallu trouver un lieu où s'installer : après de nombreux tâtonnements, le couple a trouvé son bonheur sur les hauteurs de la Côte-d'Or, dans un hameau niché au milieu de la forêt. La grande bâtisse du XVIIIe siècle, qui accueille aujourd'hui leur production, a pendant longtemps été habitée par les sœurs de Prâlon. À l'arrière, le jardin imaginé par les anciennes occupantes reproduit fidèlement le potager du roi à Versailles, en modèle réduit évidemment. Mais le cœur de leur domaine est sans conteste les salles de culture. Toute l'année, les deux mycophiles produisent trois types de champignons : les pleurotes (grises, jaunes ou roses), les shiitakés (ou lentins des chênes) et les champignons de Paris, même s'il faut plutôt parler ici de champignons de Dijon. Ce dernier, obtenu à force de travail et de persévérance, se veut plus ferme et plus croquant que l'original. Les patrons de la Champignonnière de Dijon vendent directement leur production sous les halles du marché de Dijon ; l'entreprise est également très réputée auprès des restaurateurs étoilés de la région, qui n'hésitent pas à s'y fournir. Si vous êtes de nature curieuse (et surtout gourmande), il est possible de découvrir leurs champignons sur place, grâce à un menu concocté avec leurs produits et des légumes du parc. Une dégustation qui peut être suivie par une visite des lieux pour admirer les stars plongées dans la pénombre.

Adresse Hameau de Corcelotte, place des Tilleuls, 21540 Saint-Mesmin, champignonnieredijon.fr | **Accès** Depuis Dijon, prenez la direction de Paris par l'A38. Sortez à Sombernon et suivez Vitteaux. Prenez la direction de Corcelotte-en-Montagne | **Horaires d'ouverture** Visites possibles de fin mai à la Toussaint, le dimanche à 15 h | **À savoir** Le contre-réservoir de Grosbois est un joli point d'eau où il fait bon pique-niquer et se baigner les jours de grosse chaleur.

86 Les Fontaines salées

Buller de plaisir

Non loin de la basilique de Vézelay se trouve un joli petit village de caractère, Saint-Père. Cette charmante cité regorge de secrets et de merveilles, comme l'église Notre-Dame. Mais l'un de ses sites les plus étonnants se trouve à la sortie de la ville, un peu excentré, au beau milieu des champs. Tout au bout d'un chemin de terre se situe le site archéologique des Fontaines salées.

Le lieu doit son nom à la présence d'eau minérale légèrement salée et radioactive dans son sous-sol. Un phénomène unique dans la région, dû à la remontée d'eaux profondes traversant des argiles salées. Depuis toujours, les hommes ont identifié cette particularité géologique, notamment grâce aux petites bulles de gaz qui font parfois surface, et s'en sont servis pour obtenir du sel par évaporation. Dès le Néolithique, les populations sédentaires qui se sont installées sur le site ont creusé des puits pour exploiter ces sources. On peut aujourd'hui encore observer leurs installations : de très vieux troncs de chênes creux placés en profondeur autour des eaux légèrement salées. Des trouvailles qui datent pour certaines de plusieurs millénaires et qui n'ont presque pas bougé ! Les Gallo-Romains ont pris possession de l'endroit à leur tour, construisant un sanctuaire, puis un établissement thermal afin de se baigner et de purifier leur corps et leur âme. Plus tard, les sources ont été utilisées par les locaux pour contourner l'impôt sur le sel (la gabelle), au péril de leur vie.

Les vestiges montrent parfaitement les différentes couches d'habitation. Les ruines des thermes sont passionnantes : on peut suivre l'itinéraire d'un baigneur du IIe ou IIIe siècle et contempler de nombreux objets retrouvés sur les lieux. Une visite permet de saisir les enjeux de chaque époque et d'éclairer scientifiquement les découvertes. Votre apprentissage peut être complété par une visite du musée des Fouilles des Fontaines salées, en plein cœur de Saint-Père.

Adresse Route de Pierre-Perthuis, 89450 Saint-Père | **Accès** Depuis l'A 6, sortez à Avallon, puis prenez la direction de Vézelay. À Saint-Père, suivez « Fontaines Salées » | **Horaires d'ouverture** D'avril à octobre, tous les jours de 10 h à 12 h 30 et 13 h 30 à 18 h 30 ; en juillet et août de 10 h à 18 h 30 | **À savoir** Ne manquez pas le petit village de Saint-Père et l'église Notre-Dame datant du XIIIe siècle. Si un petit creux vous vient, le chef du restaurant bistronomique L'Eau à la Bouche se fera un plaisir de vous accueillir (4 rue du Pont, 89450 Saint-Père).

87 Le tombeau de Lamartine

Un seul être vous manque…

Il y a des artistes qui marquent leur temps et leur région. Ce fut le cas d'Alphonse de Lamartine, illustre poète, auteur et homme politique, né à Mâcon en 1790. Outre ses poèmes, il a laissé au Mâconnais un patrimoine culturel riche.

Tout commence dans la ville de Milly (devenu Milly-Lamartine) où il s'installe avec sa famille à l'âge de 7 ans. Il y passe de si belles années qu'il plaide, par un admirable poème, pour la sauvegarde de la maison familiale lorsque son père décide de la vendre. Après une première vie menée en Italie et une histoire d'amour tragique avec une jeune femme, Julie Charles, Lamartine se marie et s'établit à Saint-Point dans un château qu'il reçoit en avance d'hoirie. Malgré une carrière politique qui l'amène à multiplier les voyages, il ne peut se résoudre à quitter cette région qu'il aime tant et qui l'inspire. Ses poèmes sont des odes à ces tendres paysages, à la mélancolie, à la nature et à l'amour. Il partage donc son temps entre la capitale et ses deux demeures dans le Mâconnais : Saint-Point et le château de Monceau à Prissé.

Lamartine était très engagé en politique : il a notamment milité pour l'abolition de l'esclavage et de la peine de mort, et pour l'instauration du suffrage universel. De plus, il reste l'un des fondateurs de la IIe République. Le poète a toujours refusé de « dormir sous l'herbe sordide du Père-Lachaise » : son vœu était de reposer près de sa famille à Saint-Point. On peut aujourd'hui admirer son tombeau trônant fièrement sur une petite colline, face à une vallée aussi paisible qu'inspirante. Sur le fronton, on peut lire ces mots : *Speravit anima mea*, (« Mon âme a espéré »). Son buste fixe l'horizon, cherchant sa verve. Lamartine est enterré dans ce charmant petit cimetière avec ses proches – sa mère, sa première femme et sa fille – ainsi qu'un autre poète, Marc de Larréguy de Civrieux, un admirateur inconditionnel. Jouxtant la sépulture, le château familial de Saint-Point se visite, mais uniquement en été.

Adresse Cimetière, 71520 Saint-Point | Accès Depuis l'A 6, prenez la sortie Mâcon-Sud, puis suivez Charnay-lès-Mâcon sur la N 79. Sortez en direction de Cluny, puis suivez Saint-Point | À savoir Pour rester sur les traces de Lamartine, visitez sa maison d'enfance à Milly-Lamartine ou son pavillon de la Solitude à Prissé.

88_Le moulin Sorine

Au gré du vent

Au-dessus des vignes, sur les hauteurs de Santenay, se dresse un bâtiment unique dans la région : un moulin à vent. À l'époque, Santenay était plutôt une ville d'eau, comme le prouve sa station thermale. Mais au début du XIXe siècle, une sécheresse stoppa les roues des moulins à eau présents sur la commune. Pour pallier ce souci, François Sorine décida de construire un moulin à vent entre 1825 et 1835. Il l'installa à 311 mètres d'altitude sur une colline entourée de vignes prestigieuses. Témoin d'une époque, le moulin à vent fut malheureusement vendu, puis abandonné.

Dans les années 90, le maire de Santenay décida sa rénovation pour lui redonner de sa superbe. Aujourd'hui, ce grand monsieur de 8 mètres surplombe les environs avec une certaine élégance. Restauré à l'identique grâce à des architectes et des spécialistes, il est en parfait état de marche. Chaque année, à l'occasion de la traditionnelle fête du Moulin, ses ailes de 14 mètres d'envergure sont drapées de tissus et attendent le souffle d'Éole comme autrefois. Sa toiture de 9 tonnes en châtaignier s'oriente selon le sens du vent et actionne un système de poulies et de meules de près de 4 tonnes qui moulent le grain. Le moulin se visite tous les étés grâce à une équipe de bénévoles passionnés. Le site est idéal pour profiter du paysage et des vignes en pique-niquant au calme.

En continuant quelques kilomètres plus loin, vous vous retrouvez sur le mont de Sène, plus communément appelée « la montagne des Trois Croix ». Elle domine la région et offre un magnifique panorama sur le vignoble de la côte de Beaune, la vallée de la Saône, le Clunysois, le Morvan et même le mont Blanc par temps dégagé ! Longtemps considéré comme sacré par les Romains et les Gaulois, en témoignent les vestiges de dolmens et le temple romain dédié à Mercure, le site abrite trois croix alignées sur la frontière entre la Côte-d'Or et la Saône-et-Loire.

Adresse Route de Chassagne 21590 Santenay | **Accès** Depuis Beaune, prenez la direction de Meursault, Puligny-Montrachet et enfin Chassagne-Montrachet. Dirigez-vous ensuite vers Santenay par la route des Vins. Suivez « Moulin à Vent » | **Horaires d'ouverture** Visites avec l'office de tourisme le jeudi sur rendez-vous | **À savoir** On aperçoit d'énormes tas de pierres derrière le moulin ou dans les vignes : il s'agit des restes d'un murger, une épaisse muraille constituée de pierres collectées dans un champ. À ne pas confondre avec « se murger » qui signifie se soûler.

89_La tour de Saussy

Unique en France

En 1875, Paul Bredin, un ingénieur chimiste qui avait fait fortune dans la teinture noire sur soie, s'installa à Saussy. Grand amateur de chasse à courre, il se fit construire une magnifique demeure (le château des Charmes), un chenil pour sa meute de 60 chiens et un manège à chevaux pour entraîner son équipage. Cette impressionnante construction possède une charpente en parapluie de 30 mètres de diamètre. Pour soutenir ce mastodonte, il fallut installer un mât long de 35 mètres – un mât si long qu'il ne passait pas dans les rues du village ! Paul Bredin prit donc la décision de racheter une ferme qui gênait le passage pour la raser et faire de la place. L'histoire veut qu'une fois la charpente terminée, le mât fût sectionné, car beaucoup trop haut…

Mais l'héritage de Bredin représente bien plus que cette anecdote amusante. Lors de son installation, l'ingénieur souhaita fournir de l'eau à toutes les habitations de Saussy. Il mit donc au point un château d'eau alimenté par diverses sources et finança lui-même son audacieuse construction. Il fit d'abord ériger un premier réservoir d'environ 15 mètres pour stocker l'eau de pluie ainsi qu'un canal pour l'acheminer. L'eau était transportée jusqu'à la tour de Saussy, un immense édifice de 25 mètres de haut équipé d'une roue à aubes. À l'intérieur se trouvait un tuyau qui permettait d'envoyer l'eau jusqu'à un autre réservoir, de 70 000 litres celui-ci. Au sommet, une éolienne actionnait la pompe, un procédé tout à fait particulier, puisqu'il est unique en France. Il semble malheureusement que cette invention soit restée sans lendemain, jugée trop peu efficace.

Aujourd'hui, une partie de la tour de Saussy a pu être rénovée. En attendant sa restauration, l'éolienne a quant à elle quitté le sommet de l'édifice. Au cours de votre visite à Saussy, ne manquez pas de découvrir l'œuvre complète de Bredin en passant voir sa tour, le mât de l'éolienne ou encore le manège équestre.

Adresse Chemin de la Tour, 21380 Saussy | **Accès** Sur la D 996, prenez la direction d'Is-sur-Tille, puis suivez Messigny et Vantoux. Continuez jusqu'à Val-Suzon | **À savoir** Non loin de là, à Vaux-Saules, est fabriqué un gin artisanal. Un savoir-faire original pour des saveurs relevées (Distillerie l'Herbier, 4 rue Haute, 21440 Vaux-Saules).

90_Le château de Savigny-lès-Beaune

Sur les chapeaux de roue

Sur la route des Grands Crus, les impressionnantes demeures sont bien souvent liées aux belles bouteilles de vin et aux marques de prestige. A contrario, si le propriétaire de Savigny-lès-Beaune, Michel Pont, a fait l'acquisition de ce château dans les années 70 pour y mettre son vin en bouteille, il a très vite transformé l'endroit en un immense garage de collection. Depuis l'âge de 20 ans, Michel Pont est un collectionneur invétéré : vieux outils, sécateurs, pressoirs… Il s'est d'abord intéressé au monde agricole, puis s'est très rapidement passionné pour les voitures de course. Petit à petit, celui qui travaillait sa vigne la semaine et courait les grands prix le week-end a amassé une belle collection aussi diverse que variée : quelque 250 motos, une trentaine de voitures de course Abarth, une trentaine de véhicules de pompiers, des engins agricoles et de viticulture, près de 2 500 maquettes d'avions et une centaine d'avions de chasse.

Un véritable inventaire à la Prévert que l'on peut aujourd'hui admirer, puisque le lieu se visite. On navigue de surprise en surprise en traversant le jardin et le château, allant des avions de chasse aux répliques miniatures de motos en un rien de temps. Les moindres recoins de la propriété sont consacrés à cette impressionnante collection. En parcourant cet insolite musée, une question nous taraude forcément : comment un seul homme a-t-il pu acquérir autant de pièces ? Avec beaucoup de passion, de temps, et un peu d'argent bien sûr ! Michel Pont n'a pas hésité à parcourir le monde pour rapporter ces singularités. Les yeux rivés sur ces engins à moteur, on en viendrait presque à passer à côté de la magnifique demeure qui abrite le musée. Cette ancienne forteresse, traversée par une rivière qui alimentait autrefois les douves, a été érigée au XIVe siècle et est entourée de vignes. Un mariage unique entre histoire et modernité !

Adresse Rue Général-Leclerc, 21420 Savigny-lès-Beaune, www.chateau-savigny.com | **Accès** Suivez la D 974, la route des Grands Crus, en direction de Beaune. Au rond-point de l'autoroute, suivez Savigny-lès-Beaune | **Horaires d'ouverture** Du 16 octobre au 14 avril de 9 h à 12 h et 14 h à 17 h 30 ; du 15 avril au 15 octobre de 9 h à 18 h 30 | **À savoir** Pour visiter le reste de ce village viticole réputé en 15 étapes, suivez le fléchage au sol.

91 Le parc du Moulin à Tan

Dans la jungle icaunaise

Et si le véritable trésor de Sens ne se trouvait pas dans la cathédrale de la ville, mais dans les serres tropicales du Moulin à Tan ? Ce lieu totalement hors du temps et des frontières est l'un des rares jardins publics en France à porter le label Jardin remarquable. Il vaut évidemment le coup d'œil, tant il est doux et paisible de s'y promener.

On y entre en silence, presque religieusement, pour ne pas déranger les occupants. Ce sont plus de 1 500 espèces, venues de 40 pays différents, qui cohabitent dans un environnement chaud et humide. À peine le pied posé à l'intérieur, on est propulsé à des milliers de kilomètres de là, bien loin de la campagne sénonaise. On doit cet endroit improbable à Jean-Luc Boulard, un ancien chef du Service des espaces verts, grand amoureux des plantes tropicales. À sa prise de fonction en 1986, il a créé les serres tropicales, qui s'étalent aujourd'hui sur plus de 600 mètres carrés et un nombre impressionnant d'espèces : cactus, orchidées, plantes carnivores, bananiers… et un nénuphar Victoria cruziana géant, qui vole la vedette à tous les autres, il faut bien l'avouer. Ses feuilles peuvent atteindre jusqu'à 1,8 mètre d'envergure et peuvent supporter jusqu'à 10 kilos. Le bassin s'en trouve magnifié et ce n'est pas pour déplaire aux poissons qui lui chatouillent parfois les racines. Les sols sont tapissés de plantes colorées et feuillues qui se plaisent dans la chaleur tropicale reconstituée. Ce voyage ne se fait pas en terre inconnue, puisque de grands panneaux viennent enrichir la découverte. Il n'est pas non plus rare de croiser les jardiniers en charge de l'endroit, jamais avares d'explications. Tous les étés, des visites guidées gratuites sont même organisées le mercredi.

Les serres tropicales se trouvent juste à l'entrée du parc du Moulin à Tan, mais il serait dommage de ne pas continuer l'exploration, puisque le parc recèle de nombreux espaces : roseraie, arboretum, mini-ferme, jeux pour enfants, parcours permanents d'orientation…

Adresse 28 chemin de Babie, 89100 Sens | Accès Depuis l'A 6, prenez la direction de Sens par l'A 19. Sortez à Sens-Rive gauche. Continuez vers Gron, puis Sens à nouveau. Suivez « Parc du Moulin à Tan » | Horaires d'ouverture Le parc : toute l'année de 8 h à 20 h. Les serres : tous les après-midis | À savoir Si vous êtes de passage dans la région à la fin de l'été, ne manquez pas la fête de la Saint-Fiacre : organisée chaque premier dimanche de septembre, elle accueille un défilé de chars et de brouettes entièrement décorés de fleurs, comme le reste de la ville.

92 La source de la Seine

Un peu de Paris en Bourgogne

Si le monde entier connaît la Seine comme le fleuve qui traverse la capitale française, peu connaissent son origine. Le majestueux ruban qui sillonne Paris n'est en fait qu'un minuscule filet d'eau à sa source, qui jaillit à plusieurs centaines de kilomètres de là, en Côte-d'Or. Le site est pourtant connu depuis fort longtemps : au temps des Gallo-Romains, la population locale venait y vénérer la déesse Sequana, fille de Bacchus et nymphe dévouée à Cérès. C'est elle qui aurait donné son nom au célèbre fleuve et sa profonde couleur : on raconte que, prise en chasse par le dieu des océans Neptune, elle aurait invoqué son père qui l'aurait transformée en eau. Son voile et ses vêtements verts devinrent des flots couleur émeraude. Les pèlerins malades déposaient devant son sanctuaire des ex-voto, des offrandes en pierre ou en métal qui représentaient la partie du corps atteinte par la maladie. Grâce à leurs prières, ils espéraient être guéris du mal infligé par la volonté divine.

Aujourd'hui, le lieu est beaucoup plus paisible. Perdue au beau milieu de la forêt, dans un vallon calme et reculé, la source de la Seine est marquée par une niche artificielle dans laquelle on peut admirer une nymphe sculptée par l'artiste bourguignon François Jouffroy. Cet aménagement a été décidé par le baron Haussmann et Napoléon III en 1864, lesquels souhaitaient ériger un monument pour rendre hommage au fleuve si prospère. Depuis cette date, la ville de Paris est propriétaire de ce petit bout de terrain en pleine Bourgogne.

Dans les années 70, le gardien des sources a suggéré à Cardinet, un ingénieur de la ville de Paris, de construire un tout petit pont de pierre enjambant le cours d'eau afin d'éviter aux touristes qui s'amusaient à sauter la Seine de terminer les pieds dans l'eau. Le pont Paul-Lamarche, long de quelques mètres seulement, devient ainsi le tout premier pont de la Seine, bien loin de ses impressionnants confrères parisiens.

Adresse D 103, 21690 Source-Seine | **Accès** Depuis Dijon, prenez la direction de Talant, puis Saint-Seine-l'Abbaye. Poursuivez vers Chanceaux, puis Source-Seine | **À savoir** À Marmagne, L'Atelier de Béranger expose des créations en métal de récupération (4 route de Dijon, 21500 Marmagne).

93 La carrière souterraine d'Aubigny

L'art minéral

L'opéra et l'hôtel de ville de Paris, le Conservatoire national des arts et métiers, les cathédrales d'Auxerre et de Sens… tous ces bâtiments spectaculaires ont au moins un point commun : les pierres qui les composent viennent d'une carrière située au beau milieu de l'Yonne.

Pendant des millions d'années, l'endroit a été recouvert par une mer tropicale au fond de laquelle se sont empilés des squelettes et des coques d'animaux marins. Deux cents millions d'années plus tard, l'humain y a découvert une pierre fine de grande qualité, tendre à mi-dure, parfaite pour la construction : le calcaire. Il l'a donc extraite et exploitée pendant plus de 2 000 ans dans ces grottes devenues carrières souterraines. Plus de 16 carrières ont fourni 60 millions de tonnes de pierres pour les chantiers alentour et les travaux entrepris par le baron Haussmann à Paris.

Les stigmates laissés par les carriers et leurs outils (que l'on appelle des lances et des aiguilles) sont impressionnants, voire surréalistes. Au plafond et sur les murs, on remarque les marques parfaites, presque géométriques, des blocs de pierre détachés des parois après cinq à six jours de travail. Le lieu, frais et sombre, abrite également des chefs-d'œuvre réalisés par des Compagnons du devoir pendant leur tour de France : des sculptures fines et précises qui laissent sans voix par leur minutie. Un formidable terrain de jeu artistique que l'on peut aujourd'hui admirer. L'une des pièces maîtresses est l'escalier de l'Ascension, un tour de force monumental qui a nécessité l'intervention de 60 membres de l'Union compagnonnique des devoirs unis entre 2001 et 2011.

Pendant la visite, vous en apprendrez plus sur le métier de carrier, mais également sur l'activité actuelle des tailleurs de pierre et des sculpteurs. Et vous aurez peut-être la chance de croiser des chauves-souris qui ont établi leur colonie juste à côté de l'entrée…

Adresse 89560 Taingy, carriere-aubigny.com | **Accès** Depuis l'A 6, sortez à Tonnerre et suivez Nitry. Continuez sur la D 49 en direction de Vermenton, puis Ouanne. Suivez Taingy, puis la carrière souterraine d'Aubigny | **Horaires d'ouverture** En avril, mai, juin, septembre et octobre, du mardi au samedi de 10 h à 12 h et de 14 h 30 à 18 h 30, le dimanche de 14 h 30 à 18 h 30 ; en juillet et août, du lundi au samedi de 10 h à 18 h 30, le dimanche de 14 h 30 à 18 h 30 | **À savoir** Passez par Saint-Sauveur-en-Puisaye et sa Poèterie, une friche industrielle reconvertie en village d'artistes. L'été, il y a toujours des animations et des concerts (4 route des Janets, 89520 Saint-Sauveur-en-Puisaye).

94_La fosse Dionne

Plongez dans ses eaux profondes

À sa vue, on est comme envoûté, emporté par sa beauté, captivé par son abysse, subjugué par ses nuances… La fosse Dionne trône au cœur de la ville de Tonnerre et impressionne par sa profondeur et par les reflets émeraude de son eau. Depuis toujours, elle intrigue : des Celtes, qui l'appelaient *fons divina* (« la fontaine des dieux »), aux chrétiens qui pensaient qu'un basilic, un reptile maléfique, en avait fait sa demeure. De tout temps, la fosse a été mythifiée. Il faut dire qu'une source aussi imposante dont l'eau jaillit en permanence avec un débit presque constant a de quoi fasciner !

Une légende raconte que sa couleur magnifique serait due au manteau bleu de la Vierge qui l'aurait étalé au sol afin de sauver une jeune fille de l'emprise du Malin. Une autre raconte qu'un enfant aurait ramassé une belle quantité de pièces qu'un cavalier (probablement toujours le Diable) aurait laissées tomber. Mais cet argent volé ne lui aurait apporté que du malheur, alors il aurait jeté le reste dans la source qui se serait colorée d'un bleu intense, preuve du pardon de Dieu.

On doit son apparence actuelle à Louis d'Éon, ancien maire du village et père du célèbre chevalier d'Éon. La fosse alimentait les habitations en eau depuis longtemps, mais, en 1758, il fit construire autour un lavoir semi-circulaire équipé d'un toit pour protéger les lavandières. On sait aujourd'hui que le bassin de 14 mètres de diamètre est une résurgence, une source alimentée par des eaux souterraines qui refont surface. La fosse Dionne est en fait l'entrée d'un vaste réseau souterrain, composé de plusieurs passages étroits, étendu sur plusieurs dizaines de kilomètres. Un test de coloration a montré qu'une petite partie des eaux provient d'une rivière en Côte-d'Or, dont le parcours devient souterrain à plus de 40 kilomètres de là. De nombreux spéléologues et plongeurs s'y sont aventurés pour percer son mystère, mais certaines explorations se sont terminées tragiquement. L'abîme tonnerrois garde donc toujours une part de mystère !

Adresse 11 rue de la Fosse-Dionne, 89700 Tonnerre | Accès Depuis l'A 6, suivez Tonnerre. À l'entrée de la ville, suivez « Fosse Dionne » | À savoir Empruntez les escaliers au bout de la rue de la Fosse-Dionne jusqu'au parvis de l'église pour admirer la vue sur Tonnerre et ses alentours.

95 La maison du chevalier d'Éon

L'histoire folle d'un espion

Louis XV le considérait comme son meilleur ministre et l'un des officiers les plus courageux de la guerre de Sept Ans. Charles-Geneviève-Louis-Auguste-André-Timothée-Robert-Pierre d'Éon de Beaumont, plus communément appelé chevalier d'Éon, est né à l'hôtel d'Uzès de Tonnerre (que l'on peut toujours admirer rue des Fontenilles) en 1728. Sa vie et son étonnante carrière ont posé bien des questions.

Installé dans la dernière demeure du célèbre chevalier, Philippe Luyt prend plaisir à narrer cette fabuleuse histoire. Depuis son adolescence, ce descendant du chevalier collectionne les objets lui ayant appartenu. Il a ainsi accumulé près de 200 objets d'époque (livres, gravures, armes… et même une robe offerte par Marie-Antoinette) et met tout en œuvre pour nous plonger dans cette épopée romanesque.

Pour ses contemporains, le chevalier d'Éon est resté mystérieux jusqu'à la fin de sa vie : homme ou femme, la question était ouverte. Il n'a pas hésité à jouer de cette ambiguïté. Il s'enrôla dans les services secrets de renseignement de Louis XV et fut chargé de négocier une alliance avec la Russie auprès de la tsarine Élisabeth. Pour cela, il se travestit en femme et devint sa « lectrice ». Une réussite totale qui se conclut par une alliance. Envoyé ensuite en Angleterre, il subtilisa aux Anglais un document infiniment précieux qui permit à la France de négocier un traité de paix. En odeur de sainteté, Charles de Beaumont prit de nouvelles fonctions à Londres et mena grand train. Mais plusieurs démêlés avec le pouvoir le firent tomber de son piédestal. Pour sauver sa peau, il fut obligé de se réfugier chez un ami en se déguisant en vieille femme, déguisement qu'il dut continuer à porter pour pouvoir rester en France. Il s'exila ensuite à Tonnerre, dans cette fameuse maison, et termina enfin sa vie à Londres, endetté. En définitive, le chevalier aura passé près de 50 ans de sa vie en homme et 30 en tant que femme.

Adresse 22 rue du Pont, 89700 Tonnerre | **Accès** Depuis l'A 6, sortez à Tonnerre | **Horaires d'ouverture** Ouverture d'avril à novembre sur rendez-vous uniquement | **À savoir** Traversez le vignoble de Chablis pour rejoindre l'étonnante abbaye de Pontigny.

96_La Pyramide du Loup

Aouuuuh !

Vous êtes-vous déjà demandé comment vivaient les loups dans la nature ? Quelle était la base de leur alimentation ? Ou comment les reconnaître à coup sûr ? La Pyramide du Loup a la réponse à toutes ces questions ! Le musée, aux dimensions peu communes et à la thématique pas ordinaire, dédie ses salles et sa scénographie à cette bête sauvage finalement assez méconnue. Qu'il fascine ou qu'il suscite la peur, le loup est présent dans notre imaginaire depuis notre plus tendre enfance du fait des contes ou des histoires régionales. Si vous pensez être incollable à son sujet, vous risquez d'être surpris, puisque la Pyramide est un vivier de connaissance pour toute la famille.

La visite commence par un film d'animation pour les plus petits ou un documentaire pour les grands, et vous emmène ensuite dans une grotte qui abrite un campement d'hommes préhistoriques. Une mise en scène travaillée vous permet de prendre la place du loup afin de mieux comprendre sa biologie, sa morphologie et sa façon de vivre. L'expérience se veut amusante et enrichissante, puisque chaque apprentissage peut se faire sous forme de jeu. Peut-être que tous ces nouveaux savoirs acquis vous feront changer d'avis sur l'animal, réputé dangereux ! L'espace extérieur réserve d'autres surprises comme les deux chiens-loups, Néïs et Nahele, qui se laissent facilement approcher.

En plus du loup, le musée met en avant la nature grâce à un programme complet de sensibilisation : l'écosystème de la mare, le cycle de vie des chauves-souris, la vie des insectes et autres lombrics, les énergies renouvelables… Ces nombreux sujets sont abordés grâce à des parcours pédagogiques gratuits et accessibles à tous. La meilleure manière de participer à cette découverte reste encore de réserver un atelier organisé par l'équipe de passionnés présente sur place. Les plus téméraires se déchausseront pour profiter du sentier pieds nus, afin de vivre de nouvelles sensations.

Adresse Les Gilats, 89130 Toucy, www.lapyramideduloup.com | **Accès** Depuis Auxerre, suivez la D965 en direction de Toucy et Saint-Fargeau. Une fois dans Toucy, suivez les panneaux « Pyramide du Loup » | **Horaires d'ouverture** Du 1er avril au 13 novembre, du mercredi au dimanche de 10 h à 18 h. Tous les jours pendant les vacances scolaires | **À savoir** Pour rester dans le thème des animaux, prenez la direction du moulin de Vanneau afin d'admirer les nombreux animaux de la ferme en liberté. Arrêtez-vous pour le déjeuner (89520 Saints-en-Puisaye).

97_Le train touristique du pays de Puisaye-Forterre

Un train pas comme les autres

Si vous sillonnez la campagne puisayenne, vous risquez de croiser un train que vous n'êtes pas près d'oublier. Depuis plusieurs dizaines d'années, l'Association des autorails touristiques de l'Yonne (AATY) fait découvrir la région à bord d'un convoi pour le moins exceptionnel. Ces amoureux du rail ont fait l'acquisition, dans les années 80, d'un train X3814 : particulièrement usités pendant plus de 30 ans après 1950, ils ne sont plus qu'une vingtaine en France en état de fonctionnement. Avec ses couleurs franches et son look cubique, ce train a gagné le doux surnom de « Picasso ». Mais sa principale particularité est tout autre : la cabine de pilotage se trouve sur le dessus, de manière excentrée. Une spécificité qui permet de conduire la machine dans les deux sens de circulation d'un même poste.

Les bénévoles de l'association conduisent les curieux à travers bois et champs au gré du temps qui passe et des saisons qui marquent la campagne. La Puisaye se dévoile par petites touches, tout doucement (la vitesse moyenne ne dépasse pas les 30 kilomètres par heure), au gré des commentaires et de quelques secousses. Une nouvelle aventure vous attend à l'arrivée. En effet, le train touristique transporte les voyageurs de Toucy à Villiers-Saint-Benoît, où il est possible de découvrir le musée d'Art et d'histoire de Puisaye. Il possède une belle collection de faïences locales du XVIIIe siècle. Certains préféreront peut-être se dégourdir les jambes en partant pour une randonnée qui mène à la petite chapelle Sainte-Reine du XIIe siècle.

L'association propose également une autre expérience, gustative cette fois-ci. En effet, il est possible de se délecter d'un bon repas en sillonnant doucement la Puisaye-Forterre dans l'un des seuls trains-restaurants de France qui roule encore. Identique à celui de 1950, il a été entièrement rénové par les membres de l'association.

Adresse Avenue de la Gare, 89130 Toucy, train-de-puisaye.com | **Accès** Depuis Auxerre, suivez la D 965 en direction de Toucy | **Horaires d'ouverture** Consultez le calendrier des trains réguliers et du train-restaurant sur le site internet | **À savoir** La maison natale de Colette, l'une des plus grandes écrivaines françaises, se visite toute l'année (8-10 rue Colette, 89520 Saint-Sauveur-en-Puisaye).

98_Le Diverti'Parc

Sur le plancher des vaches

Comme son nom l'indique, Diverti'Parc est le temple de l'amusement dans la région ! Installé en retrait de la ville, le site s'étale sur 22 hectares en bordure de forêt et propose un grand nombre de jeux pour petits et grands. C'est le lieu idéal pour se défouler, s'amuser ou se ressourcer en famille ou entre amis !

Les sympathiques propriétaires ont pensé à tout pour combler les joueurs de 3 à 103 ans. Les activités au grand air sont multiples : piscine à balles géante dans les arbres, balançoires de cordes, lianes suspendues, filets de pirates, échelles de cordes, tyrolienne… les plus téméraires seront ravis ! Mais pas de panique, sur la terre ferme, le bonheur est aussi au rendez-vous avec des ateliers variés : labyrinthes, minigolf, sentier pieds nus, karts à pédale, vache-toboggan… Pour quelques heures ou quelques jours, on ne s'ennuie pas au Diverti'Parc ! Même les soirées et les jours de pluie seront ponctués de cris de joie (ou de rage) autour du baby-foot géant ou des jeux en bois XXL. Le parc a d'ailleurs plus d'un tour dans son sac : il n'a pas fini de vous étonner avec ses hébergements insolites ! Que diriez-vous de dormir dans une vache géante ? Unique en France, elle est adaptée aux grandes familles et en amusera plus d'un. Le plus dur sera de choisir où s'installer : dans son ventre, sa tête ou sa cloche ? Pour les romantiques qui préfèrent dormir à la belle étoile, le parc met à disposition un vaisseau spatial aux formes futuristes. Et pour une ambiance bohème, préférez les roulottes ou les *Drop* vintage, ces caravanes miniatures qui ne manquent pas de peps.

Avant de repartir, ne passez pas à côté du parcours de la Salamandre. Mise au point par le parc, cette escapade sensorielle en forêt vous emmènera à la recherche d'indices cachés afin de collecter des éléments naturels pour reconstituer la salamandre du Val d'Arroux. Un joli moyen, créatif et ludique, de se reconnecter avec l'environnement.

Adresse 529 La Défriché, 71320 Toulon-sur-Arroux, www.divertiparc.com | Accès Depuis l'A 6, prenez la sortie Chalon-Sud et suivez Montceau. Sortez à Saint-Eusèbe et prenez la direction de Toulon-sur-Arroux. Dirigez-vous vers la Z.A. des Bruyères | Horaires d'ouverture Du 1er avril au 31 octobre tous les week-ends et jours fériés de 10 h 30 à 18 h. Tous les jours pendant les vacances scolaires | À savoir Une marque bourguignonne conçoit et produit des parfums « made in Bourbon-Lancy ». On trouve ainsi des fragrances modernes et pétillantes (Jardin de France, 15 rue des Varennes, 71140 Bourbon-Lancy).

99_L'apothicairerie de l'hôtel-Dieu

Le pouvoir des plantes

Les hospices de Beaune sont de renommée mondiale. Mais l'hôtel-Dieu de Tournus, certes plus petit, n'a rien à leur envier ! Construit au XVIIe siècle et agrandi jusqu'à la fin du XVIIIe, l'hôtel-Dieu de Tournus possède trois salles des malades : une pour les hommes, une pour les femmes et une pour les soldats. Ces derniers avaient même accès à une magnifique chapelle. Autre chose surprenante : le mobilier est d'origine ! Les lits clos en chêne qui ont accueilli les souffrants sont en parfait état. Dans les dernières années de fonctionnement, l'hôtel-Dieu a accueilli une maternité, puis un hospice pour personnes âgées. Il a cessé de fonctionner en 1985.

Mais le clou du spectacle se trouve à l'extrémité de l'aile gauche, presque cachée : l'une des plus anciennes apothicaireries hospitalières conservées in situ en France ! La salle date de 1685 et se révèle plus que majestueuse. Les murs sont garnis de meubles luxueux en noyer, un bois chaud, et ornementés de colonnes torses pour délimiter des niches. À l'intérieur, plus de 300 pots en faïence de Nevers superbement décorés qui permettaient de conserver les drogues élaborées à partir de substances végétales, animales ou minérales. Le regard se porte très vite sur les différents noms peints à la main sur les récipients : « hypericu », « sucre rouge », « bomme vert », « m(i)el de Narbonne », « thériaca A », « ongant rosat »… Des préparations confectionnées par les sœurs de la communauté de Sainte-Marthe, souvent à partir de plantes médicinales provenant du jardin des simples qui se trouve juste derrière l'hôpital. Prenez un moment pour admirer le plafond joliment peint et décoré de deux angelots joufflus qui volettent dans le ciel. Autour, des fleurs, des guirlandes de fruits et des feuillages où dominent les deux couleurs fétiches de l'époque Louis XIII : le vert olive et le rouge.

Adresse 21 rue de l'Hôpital, 71700 Tournus | Accès Depuis l'A 6, sortez à Tournus et continuez sur la D 906 | Horaires d'ouverture De mai à septembre, tous les jours sauf le mardi de 14 h à 18 h | À savoir Dans le genre insolite, Tournus accueille également le musée du Vélo - Michel Grézaud (avenue de Lattre-Tassigny, 71700 Tournus).

100 La Ferronnerie Café-Brocante

Chinez en buvant votre café

Le temps s'est comme arrêté à La Ferronnerie. On peine à le croire avant de pousser la porte de ce café plus qu'atypique, mais Valérie, la gérante, a réussi la prouesse d'accumuler des objets vintage de toutes sortes sans tomber dans l'excès ou dans le ringard. Une fois à l'intérieur, on est vite pris d'une bouffée de nostalgie et d'une envie de retour à des temps anciens et paisibles. Comme une madeleine de Proust visuelle et olfactive.

L'aventure de La Ferronnerie Café-Brocante a débuté il y a quelques années. Valérie Antoine a eu un coup de foudre pour cette ancienne ferronnerie, lieu artisanal doté d'une histoire et de caractéristiques atypiques. Il ne lui en fallait pas plus pour se décider à ouvrir son café-brocante rêvé. La brocante a toujours été une passion pour Valérie, qui aime chiner et dénicher des pépites anciennes à retaper. Ce hobby, elle a aujourd'hui choisi d'en faire un métier, donnant vie à ce lieu hors du commun et hors du temps. D'ailleurs, on y retrouve toutes ses trouvailles à la vente : vaisselle, fauteuils, affiches, tourne-disques, jeux pour enfants, livres... Il y a mille trésors à débusquer. On pourrait passer son après-midi à fouiller et se rappeler le bon vieux temps.

La Ferronnerie est aussi un lieu de partage, idéal pour se retrouver entre amis ou en famille et déguster une boisson chaude ou un jus de fruits. Les petits gourmands pourront même se délecter d'une glace bio de la région. Dans ce lieu original chargé d'histoire, Valérie propose également une sélection de produits ménagers naturels en vrac, de la brosserie de qualité, des sacs à main au look ancien et des bijoux recyclés – évidemment ! La Ferronnerie se situe à deux pas du centre historique de Tournus : elle permet ainsi de faire une petite pause au cours de votre visite. Tournus possède le charme des vieilles pierres et regorge de très belles adresses pour découvrir la gastronomie locale.

Adresse 12 rue du Docteur-Privey, 71700 Tournus | **Accès** Depuis l'A 6, sortez à Tournus et continuez sur la D 906 | **Horaires d'ouverture** D'avril à décembre, du mardi au samedi de 9 h 30 à 18 h | **À savoir** Pour rester dans l'ambiance vintage, les puces des quais à Tournus ont lieu tous les premiers dimanches du mois.

101 Guédelon

Construire pour comprendre

Ce projet hors norme et un peu fou a germé dans la tête de Michel Guyot en 1995. Sauveur de châteaux en péril, cet entrepreneur mordu d'histoire voulait faire sortir de terre un véritable château fort à l'ancienne en plein cœur de la Puisaye. Mais pour que le défi soit encore plus spectaculaire, la construction ne pouvait se faire qu'avec les méthodes de l'époque – la sécurité en plus. Le terrain de Guédelon était idéal pour ça : la forêt fournissait du bois, une ancienne carrière donnait des pierres, un cours d'eau, du sable et de la terre… Sans pouvoir s'appuyer sur des fondations ou des vestiges, les architectes ont planché sur un château « tout neuf » de style philippien : un plan polygonal avec des tours d'angle, de grandes murailles et un fossé. Une fois les ébauches et l'administratif mis en ordre, le château était prêt à voir le jour – à condition d'avoir des bâtisseurs ! Chaque artisan impliqué a entrepris un énorme travail de recherche et de reconstitution afin de se conformer aux techniques du XIIIe siècle, un travail de longue haleine passionnant.

Le chantier est ouvert au public depuis son lancement : il est un formidable outil d'apprentissage et de pédagogie. Au cours de votre visite, vous pourrez ainsi admirer le minutieux travail des différents corps de métier qui y participent : tailleurs de pierre, charpentiers, forgerons, maçons, bûcherons, cordiers… et découvrir les différentes techniques de construction du Moyen Âge. Un moment ludique pour les enfants et étonnant pour les parents !

Le chantier a beaucoup évolué en 25 ans : le château est presque terminé – enfin, d'ici une dizaine d'années ! –, mais les projets annexes ne manquent pas sur le site. D'autres aménagements ont été entrepris, comme la construction d'un moulin hydraulique, l'entretien du jardin, l'embellissement de l'intérieur… Si le cœur vous en dit, vous pouvez participer aux travaux grâce à des ateliers, des stages ou des séjours immersifs. Voyage dans le temps assuré !

Adresse D 955, 89520 Treigny-Perreuse-Sainte-Colombe, www.guedelon.fr | Accès Depuis Auxerre, suivez Chevannes par la D 1 puis dirigez-vous vers Diges. Prenez la direction de Toucy, puis Saint-Sauveur-en-Puisaye. Suivez « Chantier Médiéval » | Horaires d'ouverture Ouvert d'avril à novembre. Horaires à consulter sur le site selon la période | À savoir À Guédelon, vous êtes à seulement quelques kilomètres du château de Ratilly, une forteresse médiévale du XIIIe siècle devenue un centre d'art et d'exposition.

102 Le parc naturel de Boutissaint

En communion avec la nature

Difficile de faire un lieu plus préservé que le parc de Boutissaint. Dans l'immensité de la forêt, les visiteurs ne sont que des invités. Véritablement chez elles, les différentes espèces animales et végétales évoluent ici en totale liberté et s'épanouissent dans leur habitat naturel sans être dérangées. Ce ne sont pas moins de 400 animaux, répartis sur 400 hectares, qui ont pris possession du domaine : daims, cerfs, chevreuils, mouflons de Corse, sangliers, bisons d'Europe… sans oublier les paons, les oies et les poules de la petite ferme qui raviront les bambins. Le parc vous invite à déambuler dans les allées et les chemins pour laisser libre cours à votre imagination. Votre quête commence au pied d'un somptueux manoir et vous mènera à travers bois, au milieu des fougères, à la recherche des habitants qui peuplent cet endroit. La promenade – plus ou moins longue selon votre envie – peut se faire à pied, à vélo ou à cheval, sans oublier votre appareil photo ! Ce lieu hors du temps est un véritable havre de paix que l'on partage avec la faune et la flore locale, loin de l'agitation de la ville et des bruits parasites. Les différentes saisons offrent de jolies surprises à ceux qui viennent régulièrement : des camaïeux orangés en automne ou des bourgeons au printemps, mais aussi la saison du brame du cerf en septembre et la saison des naissances à l'arrivée des beaux jours, qui sont des moments rares et précieux.

Depuis 1968, date de création du parc, tout est fait pour que les différentes espèces se sentent comme chez elles, et ce, pour notre plus grand plaisir ! Pour que l'expérience soit encore plus immersive, vous pouvez choisir de dîner sur place pour profiter du coucher de soleil entouré des animaux ou de passer la nuit au gîte du château afin d'admirer la plaine des Cerfs au réveil. Des tables de pique-nique permettent de jouir de l'endroit toute la journée.

Adresse Parc de Boutissaint, 89520 Treigny-Perreuse-Sainte-Colombe | **Accès** Depuis l'A 6, sortez à Tonnerre et suivez Nitry. Engagez-vous sur la D 49 en direction de Vermenton, puis Ouanne. À Saints-en-Puisaye, suivez Treigny | **Horaires d'ouverture** D'avril à novembre | **À savoir** À quelques kilomètres, le jardin de la Borde est une pépite à ne pas manquer.

103 Les rochers du Carnaval

La perle du Morvan

Il va vous falloir de bonnes chaussures et un peu d'imagination pour profiter d'Uchon et de ses merveilles cachées. Perchée à presque 700 mètres d'altitude, la petite commune dévoile aux plus curieux un large massif granitique et d'étonnants rochers. Ils font partie d'un phénomène tout aussi rare que magnifique : les chaos granitiques.

Les rochers du Carnaval sont le résultat de plus de 300 millions d'années d'érosion : le granite a été façonné par des siècles de variations de températures et d'intempéries – gel, vent, pluies… Ces événements météorologiques ont petit à petit dissout certains blocs, sculptant ainsi des formes surprenantes et délicates. En se creusant la tête, on peut reconnaître un mammouth allongé, là un nez de chien ou encore un sphinx. Certains rochers sont même associés à des légendes comme celle de la Griffe du Diable : on raconte qu'il y a fort longtemps, un homme s'affairait à construire un pont à Toulon-sur-Arroux. Pour se faciliter la tâche, il aurait fait un pacte avec le Diable qui devait lui ramener une énorme pierre avant le lever du soleil pour en être la clé de voûte. En échange, le maçon lui offrirait sa fille. Mais l'astucieux fiancé de la jeune fille fit chanter le coq avant l'heure, obligeant le Diable à laisser tomber le roc, le marquant de ses puissantes griffes.

Parmi les quelques autres blocs de granite singuliers se distingue également la Pierre-qui-Croule. Au milieu du XIXe siècle, l'immense pierre, posée en équilibre sur une autre, se serait mise à osciller à la moindre pression. Par la suite, elle devint un oracle que les habitants venaient consulter pour démasquer les conjoints infidèles. Mais un jour, quelques villageois décidés à en finir la déplacèrent de quelques centimètres seulement. Depuis, elle a cessé d'osciller. Cet étrange jardin de pierres offre un magnifique panorama sur le bocage et le massif du Morvan. Par temps clair, et équipé de jumelles, vous apercevrez peut-être même la chaîne des Puys.

Adresse 71190 Uchon | **Accès** Depuis l'A 6, sortez à Chalon-Sud, puis prenez la direction de Montceau. Continuez en direction du Creusot. Empruntez ensuite la D 228 jusqu'à Uchon | **À savoir** Un autre site naturel à voir dans le coin : les gorges de la Canche.

104 Le cirque du Bout du Monde

Un petit eldorado bourguignon

Pour rejoindre ce lieu exceptionnel, il faut sillonner des plaines, enjamber des versants, emprunter des routes sinueuses, traverser de petits villages et enfin pénétrer dans une clairière où les rayons du soleil viennent étreindre un théâtre encore sauvage. Le chemin est long et escarpé, mais arriver au bout du monde, ça se mérite !

Le cirque du Bout du Monde est une reculée calcaire du haut de laquelle se jette un cours d'eau. L'endroit est si paisible et secret que l'on reste silencieux face à sa beauté. Avant d'arriver à ce fameux creux au fond de la vallée, une prairie champêtre vous accueille à bras ouverts et vous enjoint à vous poser sur son lit de verdure. Le lieu se prête aisément aux pique-niques ou aux jeux en famille, et les plus courageux pourront se lancer dans une randonnée à la découverte des environs. Après une montée raide et un peu abrupte, vous accéderez facilement au sommet de la falaise, qui offre une vue époustouflante sur la vallée et la cascade en contrebas. Avant de quitter cet amphithéâtre classé parmi les plus beaux cirques de France, faites un petit détour pour observer la grotte du site. Il en jaillit un second ruisseau qui ne paie pas de mine aujourd'hui, mais qui a pourtant façonné le paysage alentour pendant des siècles. Le cirque du Bout du Monde est un havre de fraîcheur en plein été.

Dernier argument pour vous convaincre de vous y rendre – s'il le fallait encore – : en 1834, Alexandre Dumas père en a vanté la beauté dans ses *Impressions de voyage* : « Le sol se fend tout à coup sur [...] une vallée délicieuse, verte comme l'émeraude, et sillonnée par une petite rivière blanche et bruissante, qui s'harmonise admirablement avec elle comme grandeur et comme contour. Aucune vue, aucun site, si varié, si pittoresque, si grandiose qu'il fût, n'a pu me faire oublier mon petit vallon de Bourgogne, si tranquille, si solitaire, si inconnu. »

Adresse 21340 Vauchignon | **Accès** Depuis Beaune, suivez la D 973 en direction de Nolay, puis la D 906 vers Lacanche. À la station Bel-Air, prenez la D 111 en direction de Vauchignon | **À savoir** Non loin du site se situent les falaises de Saint-Romain, où de nombreuses randonnées de tous niveaux sont à faire. Le panorama est magnifique.

105 Notre-Dame d'Étang

Pèlerinage en forêt

En arrivant à Dijon par l'A38, il est pratiquement impossible de ne pas la remarquer. Cette gigantesque statue de la Vierge à l'enfant se dresse, seule, au milieu de la forêt et surplombe la vallée. Dès l'aube, le soleil vient poser ses premiers rayons sur la robe dorée et la fait miroiter jusqu'à son coucher.

La légende raconte qu'un bœuf avait pour habitude de brouter toujours au même endroit et que l'herbe y repoussait encore plus verte que la veille. Les paysans décidèrent, le 2 juillet 1435, de creuser et découvrirent alors une statue de la Vierge. S'ensuivirent nombre de processions et de miracles, comme celui d'un enfant aveugle de naissance, guéri après avoir été conduit près de Notre-Dame. On décida alors de transporter la statuette à la cathédrale Saint-Bénigne de Dijon. Mais elle disparut soudainement et revint miraculeusement sur son lieu d'origine. Un abbé décida de construire une chapelle pour accueillir dignement les pèlerins et protéger la statue. Au cours des siècles, les locaux comme les illustres s'y se sont succédé, dont Louis XIV et Anne d'Autriche, l'évêque Bossuet ou encore Marie-Thérèse d'Autriche. À la Révolution, la statue de la Vierge fut cachée dans l'église de Velars-sur-Ouche où elle se trouve encore. En 1873, une nouvelle chapelle fut érigée à sa place avec, au sommet, une statue colossale de Vierge à l'enfant recouverte d'or, de 8 mètres de haut et d'environ 10 tonnes.

Pour l'admirer de plus près, il faudra entamer une petite ascension jusqu'au sommet de la montagne d'Étang (545 mètres) à travers bois. Sur le chemin, vous aurez la chance de découvrir la source Sainte-Anne, qui a servi à alimenter en eau le couvent des Minimes construit en 1633 et habité par des moines chargés de veiller sur la Vierge. En continuant votre balade en direction de Fleurey-sur-Ouche, vous tomberez sur la ferme du Leuzeu, haut lieu de la Résistance bourguignonne en 1944, qui fut successivement une ancienne grange monastique, un domaine des ducs de Bourgogne, puis un manoir fortifié.

Adresse 21370 Velars-sur-Ouche | Accès Depuis Dijon, prenez l'A 38 en direction de Paris. Sortez à Velars-sur-Ouche et suivez La Cude, puis « Notre-Dame d'Étang » | À savoir Ne repartez pas sans votre pot de moutarde locale, la Reine de Dijon, produite à Fleurey-sur-Ouche à partir de graines 100 % françaises. À trouver en épicerie fine.

106_Les fours à chaux

Des petits pas dans le temps

Le Pays Charolais, dans le sud de la Bourgogne, se distingue par son relief vallonné et son bocage verdoyant ponctué de prairies. Nul besoin de vous présenter la race charolaise qui peuple les champs alentour, elle est mondialement connue pour sa viande sans pareille. La région lui a même dédié un espace : la maison du Charolais. Au départ de ce lieu déjà insolite, une petite randonnée vous emmènera sur le chemin du bocage, le long de la rivière La Semence.

Au cours de la balade, vous tomberez nez à nez avec d'immenses fours à chaux dotés de cheminées en briques, les derniers en France. Ces fours industriels ont été construits en 1879 à un emplacement plutôt stratégique pour l'époque : à proximité d'un banc de calcaire gris bleuté de très bonne qualité et d'une ligne de chemin de fer qui permettait de livrer la chaux produite. Elle était en effet très demandée dans le Massif central, le Beaujolais et le Morvan en raison de leurs terres trop acides. La chaux servait à améliorer la qualité des sols et pouvait même être utilisée comme désinfectant dans les étables, poulaillers, maisons, lavoirs, puits et étangs. Plusieurs panneaux explicatifs décrivent avec précision le fonctionnement des fours à chaux et les étapes de la fabrication du mélange. On apprend ainsi qu'il fallait plusieurs mois pour extraire la pierre, l'acheminer aux fours et la cuire à 1 000 degrés pour la transformer en poudre blanche prête à être utilisée.

Mais la balade ne s'arrête pas là. Ces fours à chaux sont également l'occasion de parler géologie, puisque le calcaire extrait non loin est vieux de 200 millions d'années. L'association qui s'occupe de réhabiliter et d'animer les fours depuis une vingtaine d'années a imaginé une frise chronologique pédestre pour présenter les différentes époques. Pour éprouver le passage du temps, chaque kilomètre parcouru équivaut à 1 milliard d'années. Une marche instructive et concrète qui peut être complétée par l'écoute de fichiers audio disponibles à partir de QR-codes sur chaque panneau.

Adresse Collanges, 71120 Vendenesse-lès-Charolles | **Accès** Depuis l'A 6, sortez à Chalon-Sud, puis en direction de Montceau. Continuez sur la N 70 en direction de Paray-le-Monial. Prenez la sortie pour Charolles, puis Vendenesse-lès-Charolles. Suivez enfin Collanges et les fours à chaux | **Horaires d'ouverture** Visites libres tous les jours ou visites guidées du 1er juin au 31 octobre sur rendez-vous | **À savoir** Profitez de votre venue pour visiter la faïencerie de Charolles et découvrir son savoir-faire unique (5 chemin d'Ouze, 71120 Charolles).

107_L'escargot bourguignon

La nature est bien faite

Impossible d'évoquer la Bourgogne sans parler de son emblème fétiche : l'escargot. Mais remettons les points sur les i – ou plutôt la coquille sur les escargots – : l'escargot de Bourgogne, le vrai, est beaucoup trop fragile pour être élevé à grande échelle. Il se plaît beaucoup plus dans les pays de l'Est, comme en Pologne, où le ramassage se fait en milieu naturel. En Bourgogne, les éleveurs lui préfèrent une autre race : le gros gris, plus doux et tendre.

Ces subtilités, Frédéric Marcouyoux les a vite apprises. Après une première vie en tant qu'ingénieur informaticien, l'agriculteur s'est installé dans le nord de la Côte-d'Or pour démarrer son élevage qui ne ressemble à aucun autre. Voilà bientôt 10 ans qu'il développe et perfectionne sa technique, à sa façon, en tâtonnant. S'il rencontre un problème, la nature a forcément prévu une solution, donc autant en profiter ! C'est ainsi qu'il s'est retrouvé à accueillir des volailles, des moutons et des lapins pour tondre la pelouse, à planter des arbres fruitiers pour protéger et abriter naturellement les bêtes à cornes, ou à faire pousser des fraisiers qui jouissent de ce sol enrichi par les déjections d'escargots… Rien ne se perd, tout se transforme : l'éleveur en profite donc pour proposer également de délicieux sorbets aux fruits.

Le producteur aime présenter en détail son travail et l'environnement dans lequel vivent ses escargots, toujours de manière pédagogique et intéressante. Sa démarche globale est remarquable : il maîtrise la chaîne du début à la fin, allant jusqu'à gérer la reproduction de ses gastéropodes pour faire perdurer son élevage. Il propose également des ateliers pour apprendre à varier les plats à base d'escargots : ils agrémentent parfaitement pizzas et cromesquis ! Une dernière chose : si vous pensiez que l'escargot est lent, sachez qu'il peut parcourir jusqu'à 7 mètres en 1 heure ! Alors, pensez bien à refermer la clôture du parc avant de partir…

Adresse 3 route des Mousseneux, 21120 Vernot, www.escargot-bourguignon.fr | Accès Prenez la direction d'Is-sur-Tille, puis suivre Messigny et Vantoux via la D 996. Suivez ensuite Val-Suzon, toujours sur la D 996 | Horaires d'ouverture Visites sur rendez-vous d'avril à octobre. Le mercredi et le vendredi à 15 h en juillet et août | À savoir Pour vous rafraîchir après la visite, passez admirer les grottes de Bèze et leur rivière souterraine.

108_La Karrière

Street art on the Roc

Le département de la Côte-d'Or doit beaucoup à sa géologie spécifique. Outre des vignes particulièrement réputées et prolifiques, la terre de nature argileuse a offert à la région de grandes carrières à ciel ouvert que les humains ont exploitées pour bâtir villes et villages. Beaucoup sont encore utilisées de nos jours, mais certaines ont été abandonnées. Celle de Villars-Fontaine, par exemple, à quelques kilomètres de Nuits-Saint-Georges, est laissée à l'abandon depuis 2003.

Une fois les extractions terminées, les carrières sont généralement destinées à être remblayées. La petite commune de Villars-Fontaine a cependant fait le choix de racheter la friche. Une poignée de bénévoles a alors tenu à rendre hommage à cette carrière si importante pour l'économie de la région en lui offrant une seconde vie. Après un gros nettoyage et des travaux d'aménagement et de sécurité, la carrière était enfin prête pour sa mue : ce lieu laissé ouvert aux quatre vents et malmené est devenu la nouvelle place forte du street art de la région. Et depuis 2016, l'endroit s'est réveillé ! Chaque saison, de nouveaux artistes investissent les lieux pour laisser libre cours à leur imagination. Les immenses pans de pierre, qui étaient autrefois martelés au burin, s'offrent dorénavant aux bombes de peinture des meilleurs graffeurs du monde. Les styles diffèrent, les techniques varient, mais les résultats sont incroyables. La roche, réputée pour ses nuances beige-rose, est recouverte de motifs extravagants, parfois sur plus de 12 mètres de hauteur.

La carrière est ainsi devenue La Karrière, une galerie d'art en plein air, mais également un centre d'expression artistique, qui se transforme régulièrement en salle de spectacles ouverte pour des concerts d'orchestres symphoniques ou de jazz, des numéros de cirque, des spectacles de feu, des séances de cinéma… Toutes les occasions sont bonnes pour célébrer ce renouveau et profiter de l'endroit. N'oubliez pas de revenir tous les ans, La Karrière revit chaque année !

Adresse RD 35, 21700 Villars-Fontaine, villart.fr | Accès Depuis Nuits-Saint-Georges, prenez la D 25 en direction de Villars-Fontaine. Au croisement, continuez sur la D 35 vers Villars-Fontaine et garez-vous tout de suite sur le parking à gauche | Horaires d'ouverture De mi-avril jusqu'à fin octobre. Horaires des événements à retrouver sur le site internet | À savoir Vous êtes amateur de street art ? À Dijon, le MUR invite tous les trois mois un nouvel artiste à s'exprimer (73 rue Jean-Jacques-Rousseau, 21000 Dijon).

109_Le Creux-bleu

Un petit coin de Polynésie

Nul ne peut se douter qu'au milieu d'un village du fin fond de la Côte-d'Or se trouve une eau limpide et d'une rare beauté. Ce petit coin unique et bien caché s'appelle le Creux-bleu et se trouve en plein cœur de la commune de Villecomte. Au détour d'un carrefour, vous aurez la surprise de tomber sur un point d'eau d'une couleur magnifique ! Au XIIe siècle, le seigneur Othon de Saulx avait aménagé cet endroit afin d'alimenter en eau un moulin.

Cette étonnante source est en réalité la résurgence d'une rivière souterraine, dont l'amont se trouve à Francheville, au Creux du Soucy, à 13 kilomètres de là. Le lien entre les deux endroits a été établi en 1908 grâce à une coloration à la fluorescéine : un colorant fut immergé dans le Creux du Soucy et réapparut 18 jours plus tard au Creux-bleu.

Sous ce fameux creux, les plongeurs-spéléologues ont pu découvrir le plus grand réseau souterrain de Bourgogne avec 22 kilomètres de galeries accessibles par quatre entrées : les gouffres du Soucy, de la Combe aux Prêtres, de la Rochotte et de Nonceuil. Mais alors, d'où lui viennent ces nuances si pures qui évoquent plutôt les Caraïbes ? L'eau turquoise, qui a la particularité d'être à une température constante de 11 degrés, doit sa coloration à la prolifération d'algues bleues microscopiques. Tout simplement !

À deux pas de la source se trouve un lavoir à plancher mobile dont la position s'adapte aux variations du niveau de l'eau. D'ici, vous pourrez entamer une très jolie balade à la découverte du village et de ses environs. Pendant plusieurs siècles, Villecomte fut l'un des hauts lieux de l'industrie métallurgique en Côte-d'Or : on y exploitait le minéral de fer. Après son déclin, la forge fut reconvertie en scierie. Un peu plus loin, reculé dans la forêt, se trouve un lieu important de la Résistance, la ferme de Mortière. En continuant, le très beau panorama de la butte Saint-Siméon s'offrira à vous.

Adresse 2 rue du Moulin, 21120 Villecomte | **Accès** Depuis Dijon, prenez la D 903 en direction d'Is-sur-Tille. Bifurquez juste avant sur la D 901, direction Diénay, puis suivez Villecomte par la D 6C | **À savoir** À une vingtaine de kilomètres un peu plus au nord se trouvent Selongey et sa célèbre usine SEB. On peut y faire ses emplettes dans un magasin d'usine de déstockage (3 rue de la Patenee, 21260 Selongey).

110 L'abbaye du Val des Choues

Perdue en forêt

L'épaisse forêt du Châtillonnais renferme un lieu insoupçonné et intemporel. Pour le rejoindre, il faut s'enfoncer dans la vaste masse d'arbres qui le protège et rouler un long moment. Votre destination : l'abbaye du Val des Choues, fondée au XIIe siècle. À cette époque, de nombreux moines venant d'autres abbayes s'y sont installés pour fonder un nouvel ordre religieux aux règles inspirées par les cisterciens et les chartreux. L'abbaye du Val des Choues (qui signifie « chouette effraie ») a donné naissance à une trentaine d'autres monastères répartis principalement dans la région, mais également dans le reste de l'Europe. Détruite en partie à la Révolution et abandonnée, l'abbaye fut redécouverte au XXe siècle par une famille de veneurs qui l'a restaurée pour en faire une zone de chasse à courre.

Lieu de réception et de chasse, l'abbaye accueille aujourd'hui le musée-opéra de la Vénerie. En lui dédiant un espace peu ordinaire, les propriétaires ont souhaité proposer un regard nouveau sur cette pratique ancestrale. La mise en scène se concentre sur l'aspect artistique et lyrique de la chasse à courre, en jouant avec les sens et les espaces. Le clou du spectacle se déroule à l'extérieur : chaque été, à 16 h, la soupe des chiens est donnée en public. Le moment est assez spectaculaire, puisque la meute de 150 français tricolores habitués à chasser le sanglier doit observer un silence complet avant de manger !

La visite se poursuit dans les jardins à la française, aménagés sur l'ancien potager des moines. Superbement entretenus et dotés d'un charme fou, ils révèlent bien des surprises, dont la grotte du frère Viard, l'ermite fondateur de l'ordre du Val des Choues, d'où jaillit une source qui n'a jamais tari. On remarquera également la source des Anglais. Il se raconte que chaque veille de Noël, cette source se pare de rouge, du sang des Anglais versé lors de la guerre de Cent Ans.

Adresse 8 chemin Rural, 21400 Villiers-le-Duc, www.abbayeduvaldeschoues.com | **Accès** Depuis Dijon, suivez Is-sur-Tille, puis Châtillon-sur-Seine. À Moloy, suivez les indications jusqu'à l'abbaye | **Horaires d'ouverture** De mars à juin et en septembre, tous les jours sauf le mardi de 13 h à 19 h ; en juillet et août, tous les jours de 10 h à 18 h ; en octobre, le samedi et le dimanche de 13 h à 17 h. Repas de la meute à 16 h en juillet et août | **À savoir** En quelques minutes, changez totalement d'univers et plongez dans le monde de la vigne et du vin à l'œnocentre Ampélopsis (3 rue Derrière-l'Église, 21400 Massingy).

111_Gamotel

Des neurones en ébullition

Un document historique datant du XVIe siècle vient d'être retrouvé : il révèle l'existence d'une fortune dissimulée dans une vieille demeure appartenant à la famille Zampini. Coïncidence ? Le propriétaire de la maison, José Zampini, est justement décédé la semaine dernière. Quatre siècles plus tôt, en 1583, la fameuse maison et ses secrets auraient été confiés à son aïeul Antonio Zampini par le baron de Vitteaux. À vous maintenant de démêler cette mystérieuse affaire !

N'oubliez pas votre pyjama et vos pantoufles, car vous pourriez bien plancher sur cette difficile enquête toute la nuit ! Contrairement aux autres escape game du même genre, vous n'êtes pas ici pressé par le temps, puisque vous avez toute la soirée devant vous. Le scénario prévoit de longues heures d'investigation à la recherche de la vérité, et, une fois l'enquête résolue, vous dormirez sur place. Une expérience immersive et surtout inédite, puisqu'il s'agit de la première de cette sorte en France. Mais attention, avoir le temps ne signifie pas que l'enquête est plus facile ! Avec votre équipe de six à douze joueurs, vous allez devoir fouiller toute la maison, chercher des indices, communiquer, tester, manipuler, réfléchir… et écouter (ou non) les précieux conseils de la gouvernante (qui est aussi la *game master*) qui vous accompagnera toute la nuit. L'expérience débute avant même votre arrivée, puisque l'adresse et les rôles sont dévoilés à la dernière minute. Tout a été pensé pour vous plonger dans une atmosphère unique et exceptionnelle : de la décoration d'époque à l'ambiance feutrée et obscure.

Lolita Mormin, la fondatrice du jeu et grande amatrice d'escape game, a imaginé le scénario et construit le décor de ses propres mains. Le choix de l'histoire a été évident, puisqu'elle se base sur la véritable histoire de Vitteaux et de son baron Guillaume du Prat. Et si vous souhaitez tout de même vous lancer un défi, sachez que le record de rapidité pour résoudre l'énigme est de 4 heures et 45 minutes…

Adresse 42 rue Hubert-Languet, 21350 Vitteaux, www.gamotel.com | **Accès** Depuis l'A 6, prenez la sortie Pouilly-en-Auxois en direction de Vitteaux | **Horaires d'ouverture** Du lundi au vendredi à partir de 18 h jusqu'à 11 h le lendemain matin | **À savoir** L'aventure vous a passionné et vous avez envie d'en savoir plus ? Lisez le roman *Les Spadassins* de Jean-Baptiste Evette, qui a inspiré le scénario (à lire après l'aventure pour éviter les spoilers !)

© Amandine Dirand

Noëmie Lacarelle, tendre passionnée de sa région, la Bourgogne, ne se lasse pas de la parcourir pour découvrir des lieux historiques et de nouvelles adresses, souvent gastronomiques. Un appareil photo toujours vissé dans les mains pour partager ses trouvailles sur son blog Framboise & Capucine, elle aime partir en randonnée et en profiter pour capturer la nature.

Je ne pensais pas un jour devoir écrire des remerciements pour un tel ouvrage, mais je suis tellement heureuse de pouvoir le faire. Quel bonheur et quel accomplissement d'en être arrivée là, après tout ce travail, ces années à écrire sur le blog Framboise & Capucine, à partager mes bonnes adresses, sans savoir où cela me mènerait. Un immense merci à mes parents qui m'ont portée et toujours soutenue, merci de m'avoir donné le goût de la découverte et de la randonnée. Un grand merci à mon compagnon pour toutes ces années à mes côtés, à me suivre dans mes idées un peu folles et à m'épauler, quoi qu'il advienne. Et à nos deux magnifiques filles qui auront fait leur premier voyage grâce à ce livre. Merci également à ma famille, mes amis, mes collègues, Mylène pour ton aide considérable, aux lecteurs et lectrices du blog et aux personnes rencontrées lors de ce fantastique périple. Merci de rendre notre région encore plus belle.

Cécile Amarger, Lucie Mauffrey
111 Lieux en Franche-Comté
à ne pas manquer
ISBN 978-3-7408-1053-5

Marcus X Schmid
111 Lieux au cœur du Jura
à ne pas manquer
ISBN 978-3-7408-1767-1

Thibaut Bernardin
111 Lieux à Strasbourg
à ne pas manquer
ISBN 978-3-7408-1022-1

Sophie Nicolas
111 Lieux en Alsace
à ne pas manquer
ISBN 978-3-7408-0698-9

Isabelle Debuchy
111 Lieux à Nancy
à ne pas manquer
ISBN 978-3-7408-1417-5

Jérôme Derèze
111 Lieux en Lorraine
à ne pas manquer
ISBN 978-3-7408-1410-6

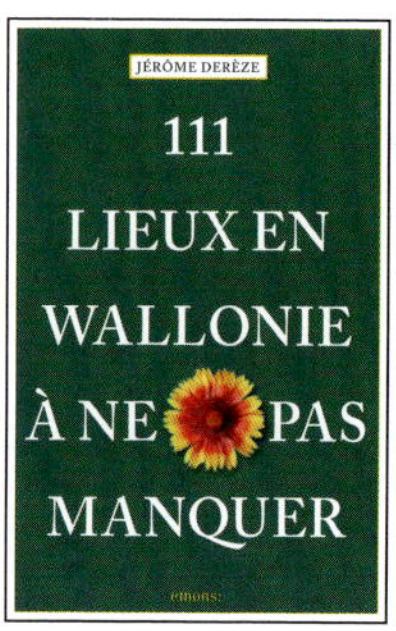

Jérôme Derèze
111 Lieux en Wallonie
à ne pas manquer
ISBN 978-3-7408-1692-6

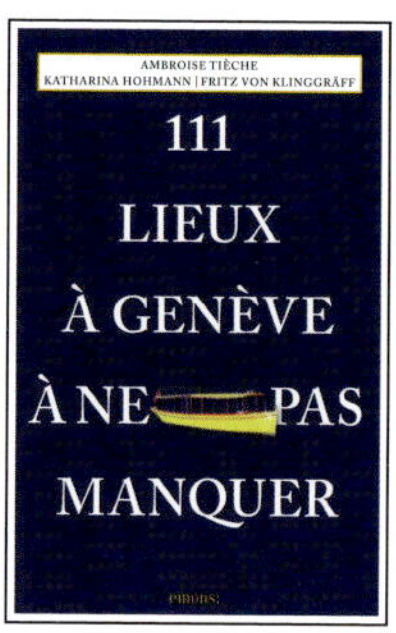

Katharina Hohmann,
Fritz von Klinggräff,
Ambroise Tièche
111 Lieux à Genève
à ne pas manquer
ISBN 978-3-7408-0868-6

Ulrich Doepper, Pierre Thomas,
Michel Zendali
111 Lieux à Lausanne
à ne pas manquer
ISBN 978-3-7408-1561-5

Franziska Weyer
111 Lieux autour du lac Léman
à ne pas manquer
ISBN 978-3-7408-1596-7

Sonja Muhlert
111 Lieux à Bienne
à ne pas manquer
ISBN 978-3-7408-1024-5

Mercedes Korzeniowski-Kneule
111 Lieux à Bâle
à ne pas manquer
ISBN 978-3-7408-1023-8

Benjamin Amiguet,
Marc Voltenauer
111 Lieux des Alpes vaudoises
à ne pas manquer
ISBN 978-3-7408-1366-6

Sybil Canac, Renée Grimaud,
Katia Thomas
111 Lieux à Paris
à ne pas manquer
ISBN 978-3-7408-0697-2

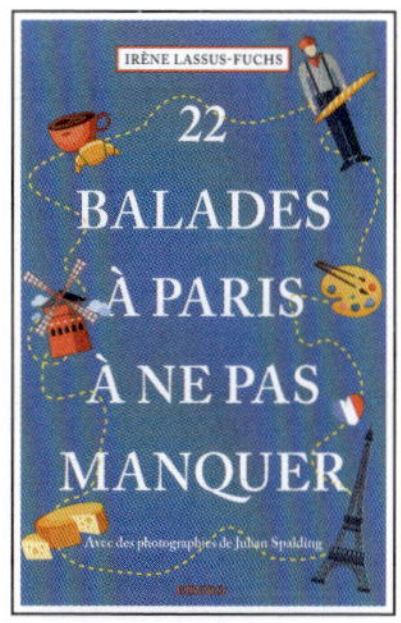

Irène Lassus-Fuchs
22 Balades à Paris
à ne pas manquer
ISBN 978-3-7408-1490-8

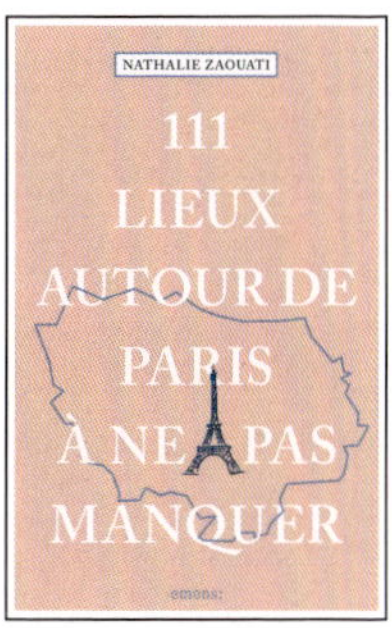

Nathalie Zaouati
111 Lieux autour de Paris
à ne pas manquer
ISBN 978-3-7408-1408-3

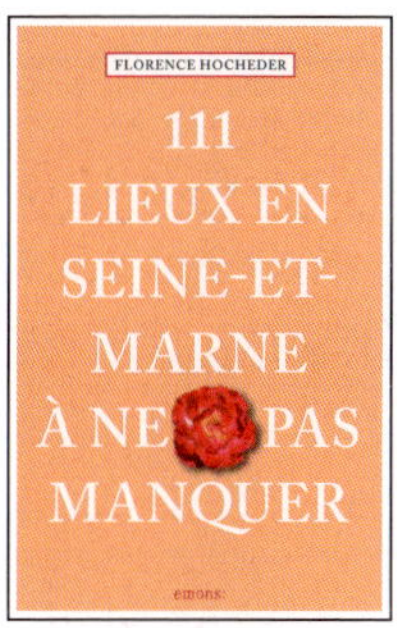

Florence Hocheder
111 Lieux en Seine-et-Marne
à ne pas manquer
ISBN 978-3-7408-1050-4

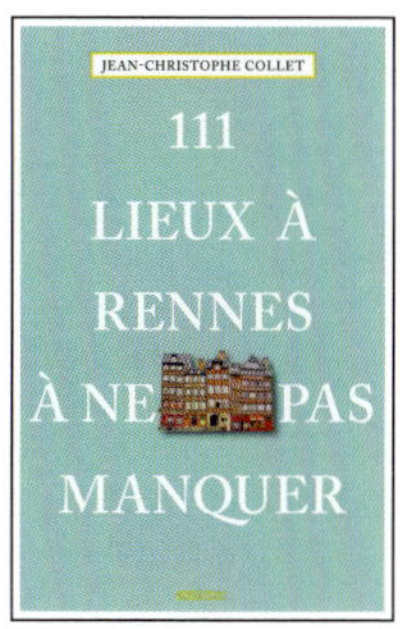

Jean-Christophe Collet
111 Lieux à Rennes
à ne pas manquer
ISBN 978-3-7408-1021-4

Jean-Christophe Collet
111 Lieux à Saint-Malo
à ne pas manquer
ISBN 978-3-7408-1571-4

Jean-Claude Belfiore
111 Lieux à Nantes
à ne pas manquer
ISBN 978-3-7408-1052-8

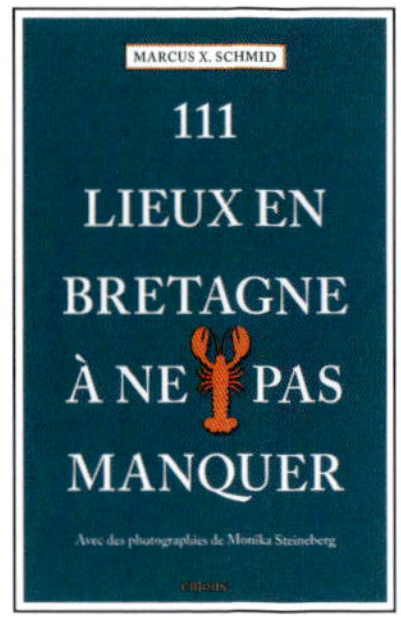

Marcus X Schmid
111 Lieux en Bretagne
à ne pas manquer
ISBN 978-3-7408-0821-1

Aurore et Edward Lépy
111 Lieux en Loire-Atlantique
à ne pas manquer
ISBN 978-3-7408-1409-0

Lucie Spileers
111 Lieux à Lille
à ne pas manquer
ISBN 978-3-7408-1228-7

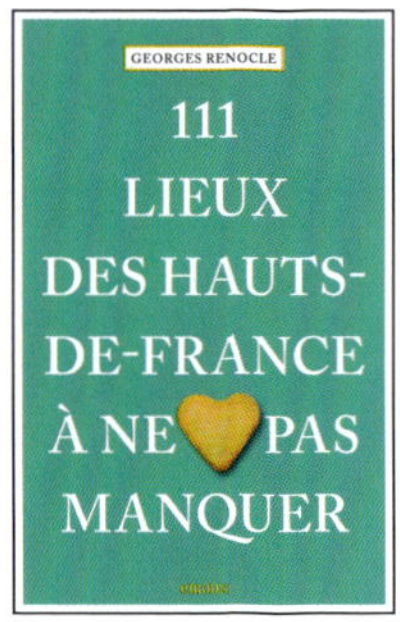

Georges Renocle
111 Lieux des Hauts-de-France
à ne pas manquer
ISBN 978-3-7408-1474-8

Sandrine Blanquart
111 Lieux le long de la Côte
d'Opale à ne pas manquer
ISBN 978-3-7408-1460-1

Daniel Moirenc
111 Lieux en Normandie
à ne pas manquer
ISBN 978-3-7408-0834-1

Dominique Milherou
111 Lieux à Marseille
à ne pas manquer
ISBN 978-3-7408-1051-1

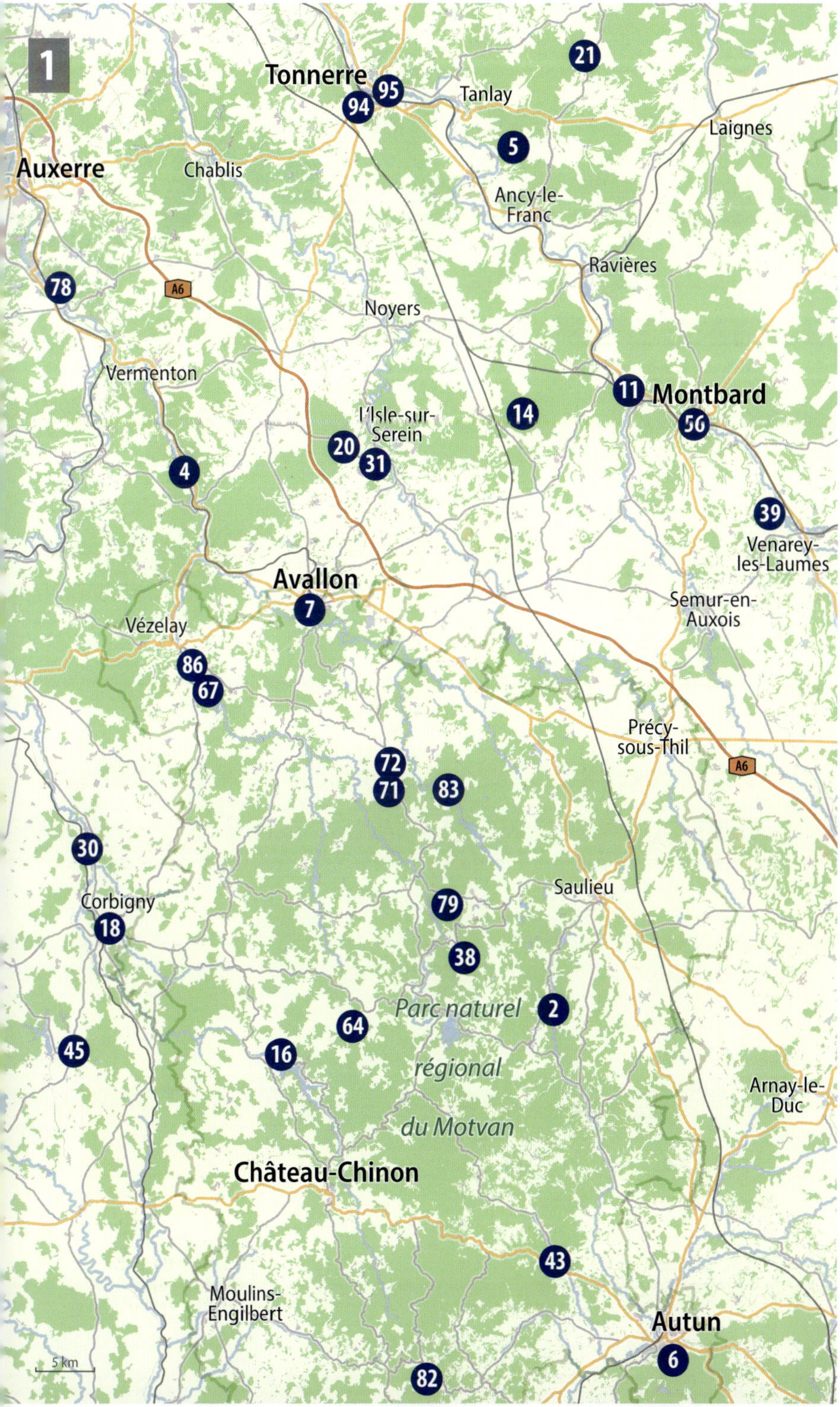
1
Tonnerre
95
94
Tanlay
21
Laignes
5
Auxerre
Chablis
Ancy-le-Franc
Ravières
78
A6
Noyers
Vermenton
11
Montbard
14
L'Isle-sur-Serein
56
20
31
4
39
Venarey-les-Laumes
Avallon
7
Semur-en-Auxois
Vézelay
86
67
Précy-sous-Thil
A6
72
71
83
30
Saulieu
Corbigny
79
18
38
Parc naturel régional du Motvan
2
64
45
16
Arnay-le-Duc
Château-Chinon
43
Moulins-Engilbert
Autun
6
5 km
82

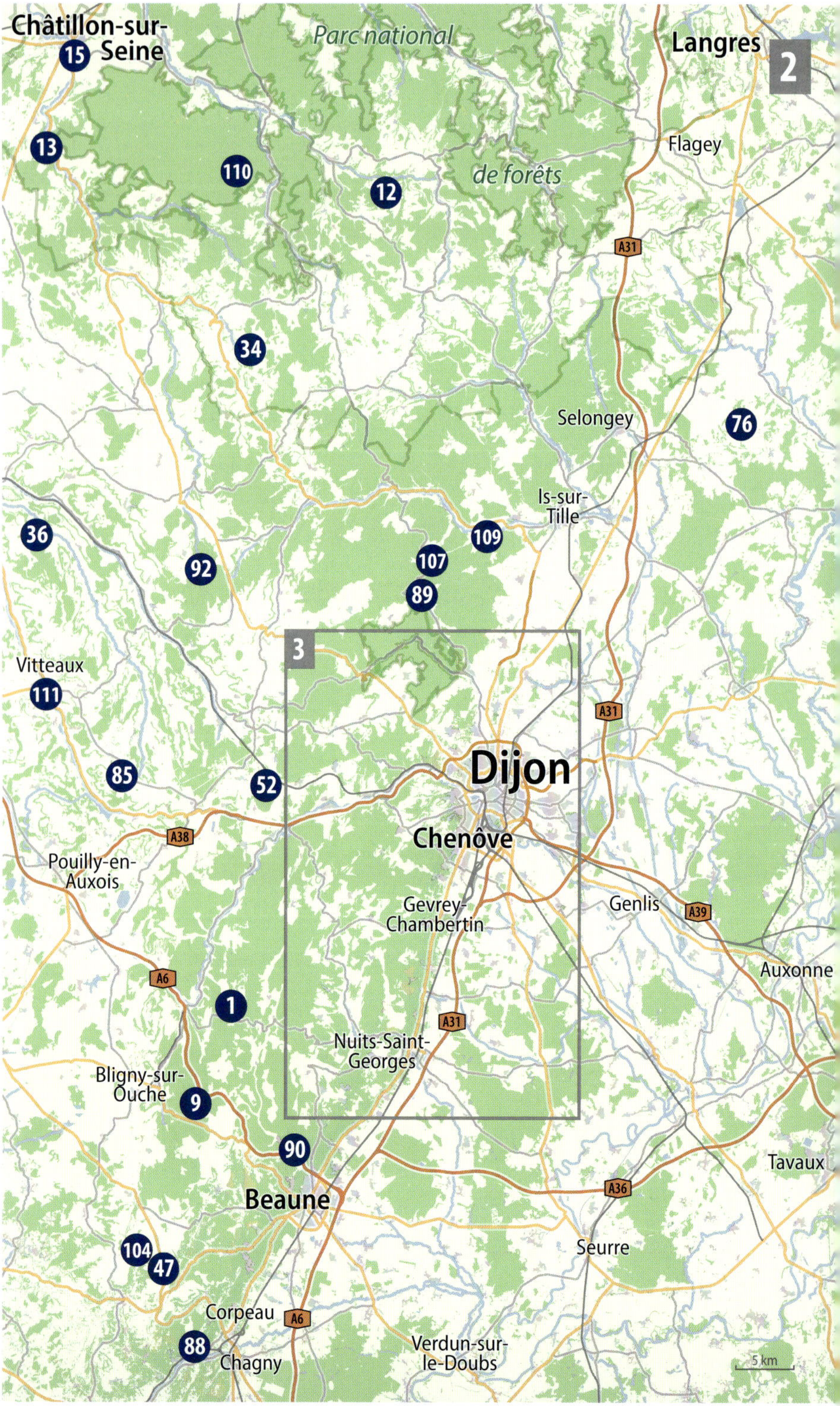

Châtillon-sur-Seine
15
Parc national
de forêts
Langres
2
13
110
12
Flagey
A31
34
Selongey
76
Is-sur-Tille
36
109
107
92
89
3
Vitteaux
111
A31
Dijon
85
52
A38
Chenôve
Pouilly-en-Auxois
Gevrey-Chambertin
Genlis
A39
Auxonne
A6
1
A31
Nuits-Saint-Georges
Bligny-sur-Ouche
9
90
Tavaux
A36
Beaune
104
47
Seurre
Corpeau
A6
88
Chagny
Verdun-sur-le-Doubs
5 km

3
Savigny-le-Sec
Messigny-et-Vantoux
55
Clénay
Darois
66
Prenois
Pasques
Hauteville-lès-Dijon
Ahuy
Ruffey-lès-Echirey
22
Saint-Apollinaire
Talant
Dijon
Velars-sur-Ouche
Fleurey-sur-Ouche
A38
29
26
28
27
Quetigny
105
Corcelles-les-Monts
Chenôve
A39
Couchey
A311
Aéroport de Dijon-Bourgogne
35
10
Brochon
A31
Chambœuf
37
Gevrey-Chambertin
Saulon-la-Chapelle
Noiron-sous-Gevrey
Gilly-lès-Cîteaux
41
Corcelles-lès-Cîteaux
108
Nuits-Saint-Georges
A31
3
62
63
53
69
2 km

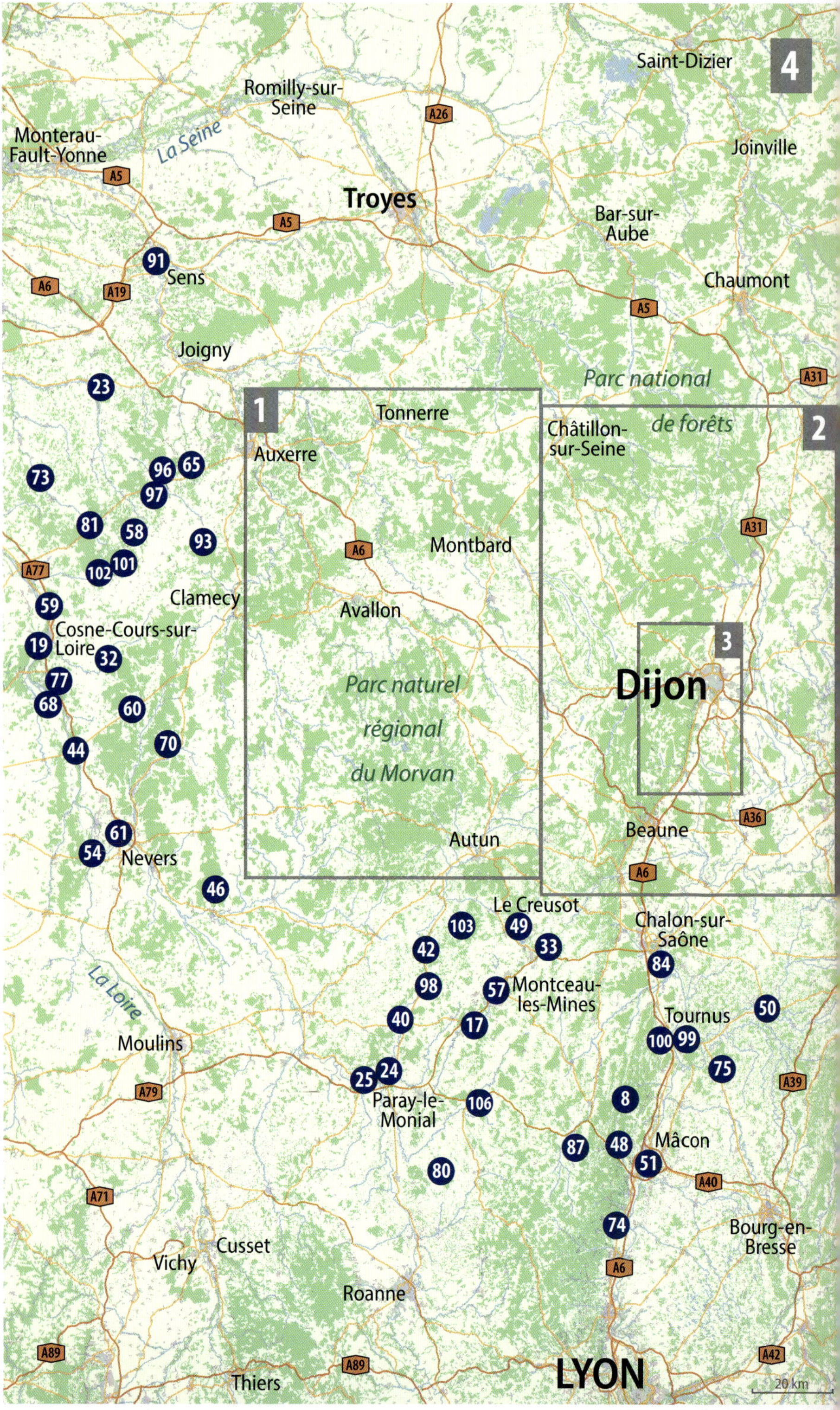

4
Saint-Dizier
Romilly-sur-
Seine
A26
Monterau-
Fault-Yonne
La Seine
Joinville
A5
Troyes
A5
Bar-sur-
Aube
91
Sens
Chaumont
A6
A19
A5
Joigny
Parc national
A31
23
1
Tonnerre
Châtillon-
sur-Seine
de forêts
2
Auxerre
73
96
65
97
A31
81
58
93
A6
Montbard
A77
102
101
Clamecy
59
Avallon
Cosne-Cours-sur-
Loire
19
32
3
Dijon
77
Parc naturel
68
60
régional
44
70
du Morvan
A36
61
Beaune
54
Nevers
Autun
46
A6
Le Creusot
103
49
Chalon-sur-
Saône
42
33
84
98
57
Montceau-
les-Mines
La Loire
Tournus
50
40
17
Moulins
100
99
75
A79
25
24
A39
Paray-le-
Monial
106
8
87
48
Mâcon
51
80
A40
A71
74
Bourg-en-
Bresse
Cusset
Vichy
A6
Roanne
A89
A89
A42
Thiers
LYON
20 km